Weihrauch und Copal

Die aus dem Räucherbecken aufsteigende
Visionsschlange der Maya. Der Copaldampf erscheint
im schamanischen Bewusstseinszustand als ein
Schlangenleib, aus dessen Kopf ein Menschengesicht
hervorlugt und Prophezeiungen ausspricht
(Ledergravur, Kopie einer Stele aus der klassischen
Mayazeit, daneben das Räucherharz Copal).

Christian Rätsch

WEIHRAUCH
UND COPAL

Räucherharze und -hölzer

Ethnobotanik,
Rituale und Rezepturen

AT Verlag

© 2004
AT Verlag, Baden und München
Fotos: Christian Rätsch, Hamburg
Umschlagfoto: Tanja Weber und Adrian Pabst
Lektorat: Karin Breyer, Freiburg i. Br.
Lithos: AZ Print, Aarau
Druck und Bindearbeiten: Stalling, Oldenburg
Printed in Germany

ISBN 3-85502-861-3

www.at-verlag.ch

Inhalt

»Zwei Schlangen schlängeln sich
aus dem Rauch des Copal,
vereinen sich im Drachenhaupt,
wandeln das Haupt
zum Wahrsagenden Raum:
Die Offenbarung der Visionsschlange.«

GALAN O. SEID

Beim rituellen Räuchern wird tief inhaliert – jedenfalls
im Schamanismus (Dhulikel, Nepal, 9/2001).

Einleitung

>»Räucherungen, Opfer und Salbungen durch-
dringen alles und erschließen die Pforten
der Elemente und der Himmel, dass der Mensch
durch dieselben hindurch die Geheimnisse des
Schöpfers, die himmlischen Dinge und was über
den Himmeln ist sehen und erkennen kann.«
>
> AGRIPPA VON NETTESHEIM
> *De occulta philosophia*

Das Entzünden von Weihrauch gehört zu den ältesten rituellen Praktiken der Menschheit. Schamanen versetzten sich mit dem aufsteigenden Rauch bestimmter Hölzer, Harze und Blätter in Trance; Seherinnen inhalierten den Rauch von bewusstseinsverändernden Stoffen, um in Ekstase zu verfallen. Priesterinnen und Priester verbrannten Harze, um den Kontakt mit den Göttern und Göttinnen herzustellen. Mit Weihrauch wurden Dämonen beschworen oder vertrieben; Bauwerke wurden geweiht und gereinigt; Kranke und Besessene wurden mit köstlichen Düften oder stinkenden Gerüchen beräuchert. Dem aromatischen Rauch wurden magische oder medizinische Eigenschaften zugeschrieben; er wurde bestimmten Gottheiten und Planeten zugeordnet. Mit Weihrauch sind schamanische Anwendungen, magische Systeme, Orakelwesen, Astrologie und religiöse Vorstellungen verbunden. »Zauberhauch« (Goethe)!

In diesem Buch werden die wichtigsten Harze und aromatischen Hölzer, die gemeinhin als Weihrauch oder Copal zusammengefasst werden, in Wort und Bild vorgestellt. Es bietet einen Einstieg in die faszinierende Welt der Räucherstoffe und eine Übersicht der wichtigsten altweltlichen und neuweltlichen Räucherharze sowie deren Identifikation und rituelle Anwendung.

Gleichzeitig ist *Weihrauch und Copal* eine Ergänzung zu meinem Buch *Räucherstoffe – Der Atem des Drachen* (AT Verlag).

Das Blut der Bäume

Viele Bäume produzieren Harze, vor allem, wenn ihre Rinden beschädigt oder verletzt werden. Das Harz, das aus der Wunde herausquillt, ist sozusagen ein körpereigenes Heilmittel der Pflanze, um sich selbst zu heilen.

Baumharze und duftende Hölzer gehören zu den ältesten von Menschen verwendeten Räucherstoffen. Sie stellen in der weltweiten Räucherkultur die wichtigsten *Simples* oder einfachen Mittel des Räucherwerks dar. Sie eignen sich hervorragend als Roh- und Einzeldrogen zum Räuchern. Die Hölzer werden einfach entzündet. Beim Glimmen verbreiten sie den gewünschten Duft. Die Harze werden über glühende Holzkohle gestreut. Dabei verbrennen sie nicht oder nur sehr wenig, sondern verdampfen und entfalten dadurch ihren spezifischen Geruch. In der Regel ver-

Auf diesem Thanka eines Schamanen der Tamang erscheint der Rauch als schlangenartiger Drachen, der die drei verschiedenen Welten oder Schichten des Kosmos miteinander verbindet (Jhankri Thanka, Nepal, 1999).

Ein junger Lakandone beim Zapfen des Pinienharzes
(Pom) am geschälten Stamm von *Pinus chiapensis* (Naha',
Chiapas, Mexiko, 1981).

Weihrauch in Ritualen und Religionen

»Bei allen Konfessionen oder früheren
Religionsformen von den mexikanischen oder
ägyptischen Mysterien bis zur heutigen
katholischen Messe sind Duftstoffe in Form
von Weihrauch gebräuchlich. Dieser Weihrauch
soll nach religiösem Glauben geeignet sein,
Wesen aus der unsichtbaren Welt herbeizurufen,
welche dann auf ihre Art günstig auf uns
einwirken sollen.«

ARNOLD KRUMM-HELLER
Vom Weihrauch zur Osmotherapie
(1934: 55)

Am Anfang war das Feuer. – So hört man oft. Aber:
Die menschliche Kultur begann mit der Beherr-
schung des Feuers. Als der Mensch lernte, das Feuer
zu beherrschen, als er lernte, das Feuer zu erzeugen
und für seine Zwecke – Wärme, Schutz, Verbesserung
der Nahrungsaufbereitung – zu nutzen, lernte oder
entdeckte er auch das Räuchern. Es gehört zum Anfang der Kultur – und deswegen auch an den Beginn
eines jeden Rituals. Rituale dienen der Erinnerung,
genauso wie das Räuchern. Denn über den Geruch
wird die Erinnerung abgespeichert. Erfahrungen werden mit Düften oder Geruchsnoten zu Erinnerungs-
strukturen, zu komplexeren kognitiven Mustern verarbeitet.

breiten Hölzer und Harze sehr angenehme Wohl-
gerüche, die charakteristisch sind. Ihre Gerüche werden in wohl allen Kulturen als »Düfte des Himmels«,
»göttliche Gerüche«, »Odem des Paradieses« usw.
geschätzt. Wohlgeruch ist Teil der Spiritualität.
Das Räucherwerk gilt als »Schweiß der Götter« oder
als »Tränen der Götter«. Der Rauch als »Atem des
Drachen«, »Visionsschlange« oder »Hauch des Paradieses«. Der Rauch gilt als Verbindung zwischen Erde und Himmel, zwischen Mensch und Gottheit, als
Brücke in andere Welten, als Weg in andere Wirk-
lichkeiten.

»Zu einem guten Gedächtnis: Den schönsten
weißen Weihrauch [Olibanum] zart gerieben und
in Wein getrunken, morgens, mittags und abends
bei zunehmendem Monde« (*Johann Wallbergens
Sammlung Natürlicher Zauberkünste*, 1769, S. 320).

Das Räuchern hat seinen Ursprung im Schamanismus, der über sechzigtausend Jahre die Kulturen der
Menschheit maßgeblich geprägt hat. Räuchern gehörte zu den wichtigsten rituellen Begehungen der antiken Kulte. Von ihnen haben es die daraus später ent-
standenen Religionen übernommen.

»Alle Räucherstoffe stammen von den Schamanen. Wir haben sie zuerst durch unsere Träume und Visionen entdeckt« (INDRA GURUNG).

Das deutsche Wort Weihrauch offenbart die spirituellen und religiösen Bedeutungen. »Weihrauch« geht zurück auf mittelhochdeutsch *wî[h]rouch* und althochdeutsch *wîhrouch* mit der Bedeutung »heiliger Rauch«. Das althochdeutsche Verb *wîhen* bedeutet »heiligen« oder »weihen«. Unser Wort Weihrauch geht auf dieselbe Wurzel zurück wie Weihnachten, das sich von dem mittelhochdeutschen *wîhenaht*, »geweihte Nächte«, ableitet und erstmals für die zweite Hälfte des zwölften Jahrhunderts belegt ist.

Das deutsche Wort Weihrauch bedeutet in erster Linie »Rauch zum Weihen« oder »Rauch, der geweiht ist«. Spezieller ist damit der aromatische Rauch gemeint, der sich beim Verbrennen, Verglühen oder Verdampfen eines Räucherstoffs, also einer Substanz, die zum Zwecke der Rauchentwicklung durch Feuer transformiert wird, im Raum verbreitet.

Im modernen Sprachgebrauch ist Weihrauch meist gleichbedeutend mit Räucherstoff oder Räucherwerk. Meist wird das Wort aber mit den Räucherstoffen der katholischen Kirche assoziiert, obwohl das Räuchern keine christliche Erfindung ist. Im frühen Christentum wurde der Weihrauch sogar illegal! Ende des vierten Jahrhunderts verbot der römische Kaiser Theodosius der Große (347–395) alle heidnischen Rituale, speziell das Räuchern:

»Wenn jemand Weihrauch Götzenbildern opfert, die von der Hand des Menschen stammen und verdammt sind, oder wenn er es wagt, eitle Bilder zu verehren, indem er einen Baum mit Bändern behängt oder im Freien einen Altar errichtet, so macht er sich damit, selbst wenn er eine Kultübung ausführt, nichtsdestoweniger einer Beleidigung gegen die Religion und eines Sakrilegs schuldig.«

Manchmal wird mit Weihrauch jedes zum Räuchern geeignete Harz bezeichnet. Dann gibt es da noch den Echten Weihrauch; damit ist gewöhnlich das Olibanum gemeint, das bedeutendste Räucherharz des Altertums.

Oft ist Weihrauch eine Sammelbezeichnung für gebrauchsfertige Mischungen. Im Laufe der Geschichte haben sich einige Rezepturen über recht lange Zeiträume gehalten. Es gibt Weihräuche für verschiedene Zwecke und unterschiedliche Anlässe.

Räucherstoffe sind laut Plinius (23–79 n. Chr.) »die Schätze Arabiens (...), die jenem Land den Beinamen des ›Glücklichen‹ und ›Gesegneten‹ gegeben haben *[Arabia felix ac beata]*. Seine wichtigsten Erzeugnisse also sind der Weihrauch und Myrrhe; letztere kommt auch im Land der Troglodyten [Höhlenbewohner] vor. Weihrauch gibt es aber nur in Arabien und nicht einmal hier überall. Ungefähr in der Mitte Arabiens wohnen die Atramiter [arabische Ethnie], ein Bezirk der Sabäer, mit der Hauptstadt ihres Gebietes Sabota [= Sabbatha] auf einem hohen Berge, von dem acht Tagreisen entfernt die weihrauchtragende Gegend liegt, Sariba genannt, was nach Ansicht der Griechen ›Geheimnis‹ bedeutet« (PLINIUS, *Naturgeschichte* II, 51f.).

Im Alten Testament heißt es: »In Endor ist ein Weib, das kann Tote beschwören« (Erstes Buch Samuel 28). Da sie mit Hilfe von Räucherwerk die Geister herbeiruft, wird sie meist als »Hexe« bezeichnet (Kunz MEYER, »Die Hexe von Endor«, Stahlstich, Deutschland, Ende 19. Jahrhundert).

Copal, die »Speise der Götter«

»Am Anfang aller Dinge gab es auf der Welt nur Erde und Wasser. Einmal aber ließ der Sonnengott einige Körner fallen, und wieder ein andermal spuckte er die Kerne von Früchten aus, und alles, was vom Himmel heruntergefallen war, wurzelte im Erdreich oder im Wasser, und so entstanden nach und nach auf der Erde die gleichen Pflanzen, die auch im Himmel wuchsen.«

Mythe der yucatekischen Maya

Der Sonnengott der Maya – erkennbar an seinen großen »Scheinwerferaugen« – hatte einen enormen Appetit auf Copal, seine »göttliche Nahrung«. Plastischer Porträtkopf an einem Weihrauchbrenngefäß aus Palenque, Chiapas, Mexiko (Klassische Mayaperiode, zirka 600–900 n. Chr.).

Copal ist der edelste und feinste Räucherstoff der Neuen Welt. Copal hat die gleiche Vorrangstellung unter den amerikanischen Räucherharzen, wie das Olibanum in der Alten Welt. In der Tat sind die amerikanischen Copalbäume (*Bursera*, *Protium*) mit den arabischen Weihrauchbäumen (*Boswellia*) sehr nahe verwandt; sie bilden Gattungen in derselben Familie, den Balsamstrauchgewächsen oder Burseraceae.

Das Räuchern hat bei den amerikanischen Ureinwohnern eine lange Tradition und spielt im privaten, öffentlichen und religiösen Leben eine herausragende Rolle. Viele Substanzen, die zum Räuchern gebraucht werden, findet man schon bei archäologischen Ausgrabungen. Manche sind bis zu zehntausend Jahre alt!

In manchen Mayaruinen aus der Hochblüte ihrer Kultur konnten Weihrauchkugeln ausgegraben werden. Räucherwerk und Weihrauchbrenngefäße werden oft in den präkolumbianischen Bilderhandschriften der Maya, Azteken und Mixteken dargestellt. In den frühesten schriftlichen Quellen aus der Kolonialzeit, die oft in indianischen Sprachen verfasst, aber mit europäischen Lettern aufgeschrieben wurden, finden sich einige Angaben zu Räucherwaren und deren kultischen und/oder medizinischen Verwendungen. Die Azteken kannten viele Bäume, die Räucherharze produzieren. Eine Art hieß *copalquahuitl* oder *tepecopalquauitl*; das daraus fließende Harz wurde *copalli* oder kurz *copal* genannt. Heutzutage wird das ursprünglich aztekische Wort für viele verschiedene aromatische Harze aus aller Welt verwendet. Sogar fossile, bernsteinähnliche Harze nennt man Copal.

Das Wort Copal ist dem Aztekischen (Nahuatl) entlehnt. Es ist eine Verkürzung von *copalli*. Das Nahuatl-Wort *c-o-pal-li* setzt sich wie folgt zusammen: *c* (= *ic*), »durch«; *o* (= *otli*), »Weg«; *pal*, »mittels«; *li* = Endung zur Substantivierung: »Vermittler des Weges«.

Das Nahuatl-Wort *copal* bzw. *co-palli* leitet sich von *cuahuitl*, »Baum«, und *palli*, »Droge, Tinktur, Lack/ Firnis« ab und bedeutet »Lackbaum«.

Das Wort Copal bezeichnet aber nicht nur die harzliefernden Gewächse, sondern das zum Räuchern taugliche Harz; ist damit gleichbedeutend mit »Weihrauch«.

Copal ist in der Neuen Welt die Entsprechung zum altweltlichen Weihrauch. So wird zum Beispiel das Copalharz von *Protium guianense* (AUBL.) MARCH., syn. *Icica guaianeses* AUBL., Burseraceae, in Europa »Weihrauch von Cayenne« oder »Olibanum americanum« genannt.

Das Mayawort für Copal lautet *pom* und ist etymologisch verwandt mit *poop*, »Weg«. Die Maya nennen den echten Copalbaum (*Protium copal*) sowie das darausfließende weiße Harz normalerweise *pom*, in der rituellen Geheimsprache »Gehirn des Himmels«. Copal war und ist ihr wichtigster Räucherstoff für alle schamanischen, religiösen, magischen und medizi-

»Nektar für die Götter«: Räucherritual der Lakandonen, einem Mayastamm, der im südmexikanischen Regenwald im Bundesstaat Chiapas lebt (Naha', 1995).

nischen Zwecke. Die zum Himmel aufsteigenden Rauchsäulen gelten als »Zigaretten für die Götter«. Im Himmel verdichtet sich der Rauch zu einem köstlichen Nektar, an dem sich die Götter und Göttinnen laben, um ewig jung zu bleiben. Leider haben die Götter vergessen, einige Weihrauchbäume im Himmel zu behalten. So sind sie von den Menschen abhängig, denn nur wenn sie räuchern, erhalten die Götter ihren Lieblingstrank.

Die Maya sowie andere Indianervölker Mesoamerikas verwenden Copal als Opfergaben, als »Nahrung für die Götter«, hauptsächlich aber zur rituellen Rei-

nigung vor religiösen Zeremonien und Heilritualen. Deswegen spielt Copal bei entheogenen Ritualen eine große Rolle. Besonders bei dem rituellen Verzehr von psychedelischen Pilzen (*Psilocybe* spp.) werden der Ritualort, der Altar, die Teilnehmer, aber auch die Pilze damit beräuchert.

Aromatische Harze, mit denen man die Götter betören kann, waren schon von je ein begehrtes Handelsgut. Die Azteken hatten ausgedehnte Handelswege durch ganz Mittelamerika, in den Südwesten der heutigen USA und wahrscheinlich sogar bis in den Andenraum. Sie benutzten verschiedene Währungen, darunter Kakaobohnen, die noch heute den Cuna-Indianern als rituelles Räuchermittel für schamanische Heilungen dienen. Über die Handelswege, die unter dem Schutz einer dunkelhäutigen Gottheit (Yacatecuhtli) mit einer Art Pinocchionase standen, wurden die schillernden und farbenprächtigen Federn tropischer Vögel, Muschelschalen und Bernsteine, die auch als Räuchermittel zu gebrauchen sind, psychedelische Pilze, Jaguarhäute und -zähne und natürlich die kostbaren Copalharze vertrieben. Es müssen im Laufe der Zeit tonnenweise Räucherstoffe aus dem tropischen Tiefland in den gewaltigen Stadtstaat der Azteken transportiert worden sein. Denn die blutgierigen Götter der Azteken mussten Tag und Nacht mit Rauch umnebelt werden.

Europäische Darstellung eines Räucherstoff-Opferrituals der Indianer von Nicaragua, das von einem Spanier aus sicherer Distanz beobachtet wird (kolorierter Kupferstich von Theodor de Bry, 1528–1598, aus: Jean DE BRY, *Amerika oder die Neue Welt*, 1595).

Wirkung von Räucherstoffen

Dass der Geruch von Weihrauch starke psychologische Wirkungen entfalten kann, ist eindeutig. Bei manchen Menschen löst Weihrauch nur unangenehme Erinnerungen an die Kindheit aus; düstere, kalte Kirchen steigen auf, lüsterne Pfaffen, die den Mess-

Ein dampfendes Weihrauchfass umnebelt die orientalische Nacht; die Bauchtänzerin deutet auf den erotisierenden Effekt, der demütige Knabe zeigt die rituelle Haltung (Titelillustration von *Der Junggeselle* Nr. 35, 5. Jahrgang, 1925).

knaben nachstellen, erscheinen, die Verklemmungen der christlichen Moral verdunkeln das Gehirn. Bei anderen Menschen kann derselbe Rauch feurige Liebeslust, erotische Gefühle und sinnliche Genüsse evozieren. Für manche ist Weihrauch aphrodisierend, für andere liebestötend. Jeder nach seiner Nase ...

»Von der Familie der Burseraceen, von denen einige Arten Weihrauch liefern, behaupten mehrere Schriftsteller, sie lieferte auch gute Aphrodisiaka; *Olibanum*, das Harz der *Boswellia carterii* aus Arabien, soll es dem ehemaligen König Ibn Saud gestattet haben, die zahllosen Damen seines Harems bis ins hohe Alter mit seiner Gunst zu beehren« (JEAN-LOUIS BRAU, *Vom Haschisch zum LSD: Geschichte der Droge*, Frankfurt, 1969: 63).

Der Rauch von Weihrauch kann aber auch pharmakologisch wirksam sein. Denn rund zwei Drittel der Inhaltsstoffe gehen unverändert in den Rauch über und können beim Inhalieren über die Schleimhäute aufgenommen und in die Blutbahn gebracht werden.

Räucherstoffe sind Verstärker von Erfahrungen:
- Sie haben eine olfaktorische Wirkung.
- Sie haben eine konditionierende Wirkung auf das Verhalten.
- Sie haben eine kognitive Wirkung.
- Sie haben eine pharmakologische Wirkung.

Die Wirkung von Räucherstoffen auf den Menschen stellt ein komplexes Geschehen von psychologischen, pharmakologischen und hormonellen Wirkungen dar. Leider liegen hierzu praktisch keine Forschungen vor. Hinzu kommen solche Bereiche wie Hyperventilation, eventuell beim tiefen Inhalieren »Erstickungsanfälle«, Sauerstoffmangel (wodurch wiederum hyperventiliert wird) sowie die Kombination mit weiteren Verfahren (Trommeln, Rasseln, Körperhaltungen, Gesänge). Manche Schamanen inhalieren Räucherstoffe im Takt zur Trommel. Damit können sie die Geschwindigkeit der Hyperventilation und die Tiefe der

Rauchinhalation genau steuern und so gezielt veränderte Bewusstseinszustände hervorrufen.

Räuchern kann einem die Natur der Außen- und Innenwelt näher bringen, kann spirituelle Wege unterstützen oder einfach Spaß und Freude bringen! Mit Räuchern können schamanische Reisen begleitet, Meditationen und Yogaübungen unterstützt, spirituelle Erfahrungen vertieft, magische Rituale durchgeführt, Aromatherapie betrieben und religiöser Kult inszeniert werden. Räuchern kann das Leben bereichern, die Gesundheit und die Naturerfahrung fördern.

Räuchergefäß aus Keramik (Chulumani, Bolivien, 2000).
Form, Gestalt und Stil dieses Kelchs gehen auf präkolumbianische Räuchergefäße und den künstlerischen Stil
der Tiahuanacokultur zurück.

Die dreißig wichtigsten Weihrauchharze und -hölzer

»Weihrauch ist das Gold der Düfte.«
Bruno Vonarburg (1999: 60)

Die Namen der Räucherharze und -hölzer haben oft eine verwirrende Geschichte, sind oft verwechselt worden oder haben sich zu Überbegriffen und Warenbezeichnungen entwickelt. So kann ein und dasselbe Wort sehr unterschiedliche Rohdrogen bezeichnen. Deshalb sind bei den einzelnen Porträts die wichtigsten anderen gebräuchlichen Namen, die im Handel und in der Literatur auftauchen, angeführt. Alle Namen der Räucherstoffe sind im Register zu finden. Die Rohdrogen werden zusätzlich mit ihren pharmazeutischen Bezeichnungen benannt. Dadurch können Schummel, Verwechslungen, babylonische Sprachenvielfalt bzw. Namensvielfalt entschlüsselt werden.

»Copal Bolivia«: Räucherharz, dessen botanische Stammpflanze nicht ermittelt werden kann (Bolivien, 2000).

Die pharmazeutische Einteilung der Harze:
1) Hartharze (Resinae); zum Beispiel Copal, Kolophonium, Mastix
2) Weichharze (Balsame); zum Beispiel Perubalsam, Terpentin
3) Gummi- oder Schleimharze (Gummi); zum Beispiel Galbanum, Asafoetida
4) Fossile Harze (Chemofossilien); zum Beispiel Bernstein, Asphalt

»Teufelsdreck«: Asafoetida-Klumpen aus dem Himalaya *(Hing)*. Dieser knoblauchartig stinkende Räucherstoff ist ein typisches Gummi- oder Schleimharz. Es stammt vom Stinkasant *(Ferula asafoetida)*, einem Doldenblütler aus dem Hindukusch.

Die Stammpflanzen werden botanisch identifiziert, soweit sie als Räucherstofflieferanten bekannt sind. Bei vielen Harzen des Räucherstoffhandels sind die Stammpflanzen ungewiss. Zum Beispiel sind die Stammpflanzen der international gehandelten Harze aus Mexiko oder anderen lateinamerikanischen Ländern, die unter den Bezeichnungen *Copal Oro Resin*, »Goldenes Copalharz«, und *Copal Negro Resin*, »Schwarzes Copalharz«, vertrieben werden, unbekannt.

Räucherstoffe gehören zu den ältesten Handelswaren der Menschheit. In Arabien wird der schwungvolle Weihrauchhandel schon seit über neuntausend Jahren betrieben. Das legendäre »Weihrauchland« belieferte alle Länder der Alten Welt. Da die Räucherstoffe nur an wenigen Orten in limitierten Mengen produziert werden konnten und wegen ihrer rituellen und religiösen Bedeutung eine hohe Nachfrage hatten, waren sie kostbar und rar. Deshalb wucherten nicht nur ihre Werte und Preise, sondern sie wurden auch leidenschaftlich gestreckt, verfälscht oder imitiert (ganz genauso wie im heutigen Handel mit illegalen Drogen!).

Vor allem die hochwertigen Harze aus dem Weihrauchland wurden mit minderwertigen Harzen gestreckt oder sogar substituiert. Hinzu kam eine gewisse sprachliche Verwirrung. So wurden die Harze von verschiedenen Stammpflanzen unter demselben Namen gehandelt. Unter diesem Erbe leidet noch heute der internationale Räucherstoffhandel.

Baumharze scheiden sich nicht nur an Verletzungen aus, sondern umkrusten manchmal die Knospen, wie bei diesen Pappelknospen *(Populus gileadensis* ROULEAU). Die harzigen Pappelknospen eignen sich als Räucherstoff, der apotropäisch wirken soll. Sie kommen manchmal unter dem irreführenden Namen *Balm of Gilead* oder Gilead-Balsam in den Handel. Das Pappelharz wird manchmal Tacamahaca genannt; dieser Name ist ebenfalls verwirrend, weil damit auch verschiedene mittel- und südamerikanische Copale bezeichnet werden.

Moscho libano, »Moschusweihrauch« – so heißt die gepresste Mischung aus Räucherstoffen für die orthodoxe Kirche in Griechenland (Naxos, 2002).

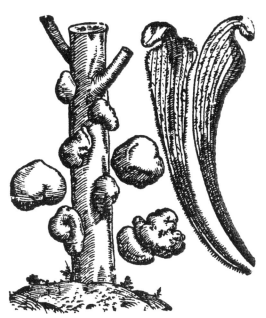

Verwirrend wie Rauchschwaden ... Handelsware von angeblichem Räucherwerk – leider sind alle Angaben auf den Etiketten nicht nur etwas falsch, sondern hanebüchen! Copal ist Aztekisch und die Maya leben nicht in Peru, sondern in Mexiko. Und Myrrhe ist kein fossiles Harz wie Bernstein.

Frühneuzeitliche Darstellung des Weihrauchstrauchs und seiner »Tränen« – nach den Vorstellungen des Holzschneiders. Der Strauch war botanisch noch nicht genau bekannt (Holzschnitt aus TABERNAEMONTANUS, *Neu vollkommen Kräuter-Buch*, Basel, 1731, S. 1350).

Außerdem unterliegen manche Räucherstoffe starken Schwankungen hinsichtlich der Qualität, des Alters, der Herkunft, der Verfälschungen usw. Bei Olibanum oder Myrrhe kann man – ähnlich wie beim Wein – von Lagen sprechen.

Adlerholz
Aquilaria agallocha

Das dunkelbraune, harzige, schwere Adlerholz stammt von dem Adlerholzbaum oder Gharubaum, der nur in den entlegenen Wäldern von Assam (Indien) wächst. Im Altertum war das über Arabien kommende Adlerholz unter den Namen Aloe und Aloeholz (zum Beispiel in der Bibel) bekannt und wurde oft mit der, beim Räuchern stinkenden, Echten Aloe *(Aloe vera)* verwechselt. In Europa tauchte es unter dem bezeichnenden Namen Paradiesholz in den frühneuzeitlichen Kräuterbüchern auf. Im 19. Jahrhundert wurde die Rohdroge mit Palo Santo *(Bursera graveolens)* verfälscht.

Der tropische Baum war in Indien schon früh bekannt und heißt auf Sanskrit *agar*. Daraus machten die Portugiesen *aguila*, »Adler«. Das *agar* genannte Adlerholz steht in direkter Beziehung zu Garuda. Der mächtige Schamanenvogel soll selbst den Adlerholzbaum gefunden und seine medizinische Wirkung entdeckt haben. In Nepal muss das Adlerholz von jedem Schamanen am Anfang eines Heilrituals per Mantra angerufen, geehrt und beschworen werden. Das Adlerholz beschützt den fliegenden Schamanen mit der spirituellen Kraft des Garuda. Der Adlerholzduft bringt die Schamanen sicher aus tiefen Trancezuständen wieder zurück.

Das Adlerholz wird überall in Asien als schamanischer Räucherstoff geschätzt. In Malaya verwenden die Schamanen der Regenwaldvölker eine psychoaktive Räucherung aus Adlerholz und Stechapfelsamen *(Datura metel)*.

Das rohe Adlerholz hat nur einen subtilen Wohlgeruch. Wird es verbrannt, so entfaltet sich rasch ein köstlicher Duft, der stark an nepalesische Tempel erinnert. Er ist durch eine zarte Feinheit, etwas holzige Frische und leicht süße Fülle charakterisiert. Es ist erstaunlich, dass das nur schwach duftende Holz beim Entzünden eine derart intensive atmosphärische Veränderung und Fülle entfaltet.

Im alten Indien, China und Japan wurde Adlerholz vor allem von Buddhisten als Räucherstoff für Andachten und Meditationen verwendet. In Japan wird der Beginn der Räucherkultur auf typische Weise my-

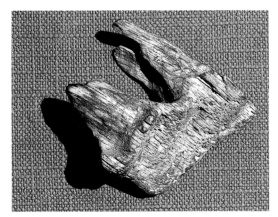

Ein Stück verharztes Adlerholz *(Aquilaria agallocha)* aus Assam. Wenn ein derartiges Stück entzündet oder zum Glimmen gebracht wird, verbreitet sich verblüffend schnell ein köstlicher, feiner, aber intensiver Duft. Der Rauch wird medizinisch bei Kopfschmerzen inhaliert. Hochwertiges, das heißt stark verharztes Alderholz ist die kostbarste Rohdroge für Räucherwerk und wird mit Höchstpreisen gehandelt.

Jinkoh oder Adlerholz, in quadratische Stücke geschnitten, bildet in Japan die wesentliche Grundlage aller Weihrauchmischungen und Zubereitungen (kommerzielles Räucherwerk aus Japan).

thologisiert. Einst fanden die Küstenbewohner ein Stück sehr schweren Holzes, nämlich ein sehr harzhaltiges Adlerholzstück, am Strand. Sie warfen es als Feuerholz in den Herd. Dabei verströmte es einen köstlichen Wohlgeruch, der sie regelrecht verzauberte. Daraufhin brachten sie das Holz dem Kaiser als Geschenk, denn gesetzlich gehören alle kostbaren

Küstenfunde dem Imperator. Der Kaiser war von dem duftenden Holz begeistert und erklärte es zum kostbarsten Räucherstoff *(jinkoh)*. Damit wurde der *kodo*, der »Weg des Weihrauchs«, betreten. Noch heute ist die Grundsubstanz aller japanischer Räucherpulver *(nerikoh)* und -stäbchen *(joss-sticks)* das kostbare Adlerholz *(jinkoh)*.

Auf Arabisch heißt das Adlerholz *uud*, »Holz«; ebenso wird das daraus destillierte ätherische Öl genannt. Uud ist der kostbarste und vornehmste sowie heiligste Duft oder Wohlgeruch Arabiens. Uud ist Bestandteil vieler arabischer Räuchermischungen, besonders von Liebesräucherungen. Sein paradiesischer Duft verführt sozusagen von selbst. Uud öffnet die Tore zu den orientalischen Märchenwelten der 1001 Nächte.

Anwendung und Rezepte

Das Adlerholz eignet sich hervorragend als einzelnes Räucherholz. Man kann ein Adlerholzstückchen leicht entzünden. Wenn man die Flamme ausschlägt, verbreitet es seinen köstlichen Duft. Mit entzündetem Adlerholz werden traditionell Tempel und Schreine ausgeräuchert, um eine heilige Atmosphäre zu schaffen. Dazu eignen sich auch japanische Räucherstäbchen, die hauptsächlich aus Adlerholz bestehen.

Adlerholzspäne werden von alters her in religiöse Räuchererungen gemischt. Das Adlerholz, fälschlich als »Aloe« übersetzt, war eine Zutat zum biblischen Weihrauch (zusammen mit Olibanum).

Adlerholz gehört auch zu den bevorzugten Ingredienzien für erotische und aphrodisische Räucherungen.

Bakhûr'adanî – aphrodisische Räucherung

Weihrauch der Jemeniten, der vornehmlich zur Vorbereitung eines Rendezvous benutzt wird.

> Man nehme folgende Zutaten:
> 2 Teile Adlerholz
> 1 Teil weißes Sandelholz
> 1 Teil Muskatblüte (Macis)
> ½ Teil Moschuskörner (*Abelmoschus moschatus*, eine Hibiskusart)
> Spritzer Rosenwasser
> ½ Teil Zucker

Adlerholz, Sandelholz, Muskatblüte und Moschuskörner werden zu einem Pulver zermahlen, mit Rosenwasser befeuchtet und zu kleinen, braunen, ungleichmäßigen Kügelchen geformt.

Inhaltsstoffe

Das verharzte Adlerholz enthält p-Methoxyzimtsäure, Agarotetrol, die Sesquiterpenoide Agarol, Agarospirol, α- und β-Agarofuran, Dihydroagarofuran, 4-Hydroxydihydroagarofuran, Oxo-nor-agarofuran u.a. Lange war der Grund für die aromatischen Exkrete (Harz) des Adlerholzes unbekannt. Die Sekretion wird durch verschiedene Pilze (*Phomopsis aquilariae* und *Phomopsis* spp.), die im Holz leben, bewirkt.

Rohdroge

Verharzte Holzstücke, Holzspäne (Lignum Aquilariae resinatum, Lignum Aloes, Linaloeholz)

Stammpflanze

Aquilaria agallocha ROXB., Thymeleaceae, Seidelbastgewächse

syn. *Aquillaria malaccensis* LAMK.

Andere Namen

Agallochon, Agar, Agarholz, Agaru, Agarwood, Aghil, Agur pati (Kirati), Aloe, Aloeholz, Aloewood, Aloexylon, Aquilariaholz, Calambac, Ch'ên-hsing (chinesisch »Sinkendes Parfüm«), Eagle-wood, Garu-garu, Geharu (malayisch), Jinkoh (japanisch), Oud, Paradiesholz, Tarum, Ud, Ud-Holz

Amberbaumharz (»Flüssiger Bernstein«)

Liquidambar styraciflua

Im alten Mexiko war der Amberbaum heilig und wurde wegen seines Balsams geschätzt. Auf Aztekisch hieß er *xochiocotzocuahuitl*, sein Balsam *xochiocotzotl*, »Blüte des Pinienharzes«: »Ocotzoquauitl, Xochiocotzoquauitl, der Amberbaum ist rund, dick. Er hat eine Flüssigkeit, er schwitzt eine Flüssigkeit aus. Seine Rinde wird gespalten; daraus tritt das Harz, der flüssige Amber, heraus« (SAHAGUN XI, 6).

Noch heute ist er zahlreichen Indianerstämmen bekannt. Auf Tzotzil-Maya heißt er *tzoté;* auf Chol-Maya *nabá*. Auf Maya heißt er *buluch ka'an*, »himmlischer Erguss«; sein harziger Balsam wird *its che'*, »Baumträne«, genannt. Im mexikanischen Spanisch (Castillano) wird er *balsamo copalme, copalillo* oder *liquidámbar* genannt. Der Name Liquidambar, »Flüssiger Bernstein«, geht auf den spanischen Arzt Hernandez zurück, der 1650 schrieb, dass von diesem Baum an der Rinde ein Harz »wie flüssiges Ambra« ausgeschieden wird.

Es heißt, dass das Amberbaumharz Träume hervorruft. Als Räucherung *(sahumerio)* lindert er Kopfschmerzen, die durch »zu viel Kälte« verursacht werden.

Die Schamanen der Maya verwenden diesen Styrax zur Behandlung von Hautkrankheiten, sogar von Lepra. Der Balsam wird außerdem zum Schutz vor In-

Der Amerikanische Styrax oder »Flüssiger Bernstein« (Handelsware, 2002).

sektenstichen und zur Behandlung solcher auf die Haut aufgetragen. In der Räucherung vertreibt er die blutsaugenden und lästigen Insekten.

Anwendung und Rezepte

Das Amberbaumharz wird fast ausschließlich als Zutat zu Mischungen mit anderen Harzen und Räucherkräutern verwendet. Es kann auch anstelle von flüssigem Styrax (Storax) benutzt werden.

Aztekisches Rezept für eine Räucherung zur Förderung des Träumens

> Man nehme etwa gleiche Teile von:
> Amberbaumharz (Amerikanischer Styrax)
> Bauerntabak *(Nicotiana rustica)*
> Yauhtli oder Aniskraut *(Tagetes lucida)*

Das flüssige Harz wird mit den grob zerkleinerten Tabakblättern und dem ebenfalls zerkleinerten Kraut zu einer Paste vermischt. Sie kann frisch (weich) auf die Räucherkohle gelegt oder gelagert (hart) und später benutzt werden.

Anstelle des Bauerntabaks kann man auch »normalen« Tabak *(Nicotiana tabacum)* verwenden. Die Wirkung ist allerdings schwächer. Der Geruch ist ebenfalls anders.

Diese Räucherung wird abends im Schlafzimmer vor dem Schlafengehen benutzt. Eignet sich besonders für eine gezielte »Traumarbeit«.

Xochiocotzotl, der Amerikanische Styrax oder Amberbaum *(Liquidambar styraciflua)*. Er stammt aus Mexiko und Guatemala, wird heute aber in vielen gemäßigten Zonen Nordamerikas und Europas angepflanzt. Seine Blätter werden pur oder mit Tabak vermischt geraucht.

In Mexiko werden neben dem »Flüssigen Bernstein« auch die Blätter des Amberbaums für Räucherwerk benutzt.

Saumerio compuesto para saumar
(Mexiko) – allgemeine Schutzräucherung

Man nehme etwa gleiche Teile von:
Romero, Rosmarin *(Rosmarinum officinale)*
Ajo, Knoblauchschalen *(Allium sativum)*
Aluzemia, Alaun (ein Mineralsalz)
Flor de Muerto, Studentenblumenkraut
(Tagetes erecta)
Estorque, Blätter von *Liquidambar styraciflua*

Die grob zerkleinerten Zutaten werden gemischt und – reichlich – auf glühende Holzkohle gegeben. Mit diesem Saumerio werden Häuser und Zimmer ausgeräuchert, um diese Orte vor negativen Einflüssen zu schützen. Dazu wird das Räucherfass in alle vier Ecken getragen.

Inhaltsstoffe
Das Amberbaumharz enthält Freie Zimtsäure, Vanillin, Styrol, Styracin, Zimtsäure-Phenylpropylester, Styresinol u. a. Der Amerikanische Styrax enthält sehr viel mehr Styrol als der europäische und asiatische Storax; daher riecht er (im frischen Zustand) unangenehm nach Benzin und Plastik. Wird ihm aber das ätherische Öl entzogen, so hat er einen angenehmen Geruch, der von dem klassischen Styrax nicht oder nur sehr schwer zu unterscheiden ist.

Rohdroge
Styrax, ein recht dünnflüssiges, balsamisches Fließharz, das eben »wie flüssiger Bernstein« aussieht: der wie Styrax fließende flüssige Bernstein!

Stammpflanze
Liquidambar styraciflua L., Hamameliaceae, Amerikanischer Styraxbaum

Andere Namen
Ambra liquida, Amerikanischer Styrax, Bálsamo copalme, Bálsamo mata, Balsamum indicum album, Bito, Copalillo, Copalme, Estoraque, Ingamo, Ko'ma'liso, Liquidambar, Maripenda, Nabá, Ococote, Somerio, Suchete, Sweet Gum, Tzozé, Xochiocotzotl

Benzoe

Styrax spp.

Der mittelgroße Baum, der die Sumatra-Benzoe liefert, wächst auf Sumatra und Java *(Styrax benzoin)*. Der Siam-Benzoe liefernde Baum stammt aus Südostasien *(Styrax tonkinensis)*. In Hinterindien wächst *Styrax benzoides*, von dem die Kalkuttabenzoe gezapft wird. Diese Bäume sehen sehr ähnlich aus und produzieren sehr ähnliche Harze. Deshalb werden sie in der älteren Literatur oft nicht unterschieden. Der Name Benzoe leitet sich von Arabisch *ben*, »Wohlgeruch«, oder hebräisch *ben*, »Zweig«, und *zoa*, »Auswurf«, ab. In der Tat ist Benzoe einer der wohlduftendsten Räucherstoffe überhaupt.

Der arabische Reisende Ibn Batuta (1304–1378) soll als erster Benzoe beschrieben und mit nach Arabien gebracht haben. Seit dem 15. Jahrhundert wird Benzoe als Handelsgut aus Asien nach Europa eingeführt. Benzoe wurde in Europa schon früh als medizinisches Räuchermittel, besonders bei Erkältungskrankheiten und Bronchitis, verwendet. Benzoe ist ein wichtiger Bestandteil der Räucherkegel aus dem Erzgebirge, des Weihrauchs für katholische Kirchen (Species fumales templorum) sowie ein Grundstoff in der Parfümerie. Wenn die Rinde der Bäume angeschnitten wird, läuft schnell ein an der Luft erstarrender Harzsaft heraus. Die Benzoe gelangt unter verschiedenen Bezeichnungen in den Handel: Siam-Benzoe in Tränen *(Benzoe in lacrimis)*, Siamesische Mandel-Benzoe *(Benzoe amygdaloides)* und Kalkutta- oder Block-Benzoe *(Benzoe communis)*. Benzoe war früher im Apothekenhandel wegen seiner desinfizierenden Eigenschaften auch unter dem Namen »Wundbalsam« bekannt.

In Südostasien gehört Benzoe zu den wichtigsten Räucherstoffen überhaupt. Es wird fast allen Mischungen für Räucherstäbchen zugesetzt. Bei moslemischen Zeremonien werden Räucherungen aus Benzoe, Adlerholz, Sandelholz und Patchouli verbrannt. Durch diese Räucherung sollen die Seelen in den Himmel steigen.

Die Zauberer *(b'lian)* der malayischen Regenwaldstämme räuchern Benzoe bei ihren magischen Ritualen. Um ihre Zaubereien auszuführen, verwandeln die Zauberer ihre Gestalt, etwa in die eines Tigers.

Der Benzoe-Storaxbaum *(Styrax benzoin)* in einer botanischen Darstellung (aus: *Köhler's Medizinal-Pflanzen*, Gera, 1887).

Siam-Benzoe, so genannte Mandeln *(Benzoe amygdaloides)*, das harte Harz des Siam-Storaxbaumes *(Styrax tonkinensis)*, hochwertige Handelsware.

Anwendung und Rezepte

Benzoeharz eignet sich nicht besonders gut als Einzelräucherwerk, sehr wohl aber in Kombinationen mit anderen Harzen (Olibanum, Myrrhe, Mastix, Styrax, Bernstein), Hölzern (Adlerholz, Sandelholz, Kaneel, Zimtrinde, Zedernholz), Kräutern (Eisenkraut, Lavendel, Stechapfel, Damiana), Gewürzen (Muskat, Nelke, Sternanis), ätherischen Ölen (Rose, Patchouli, Ylang-Ylang) und tierischen Duftstoffen (Ambra, Moschus). Traditionell ist Benzoe ein wichtiger Bestandteil von aphrodisischen Liebesräucherungen sowie von schamanischem, magischem und religiösem Räucherwerk.

Für erotische Räucherungen wird das Benzoeharz oft mit Rosen- und Sandelöl kombiniert. Beliebt sind auch Mischungen aus Benzoe, Olibanum und Muskatnuss.

»Weihrauch der Venus« (aphrodisische Räucherung)

Man nehme folgende Zutaten:
2 Teile Benzoe, vorzugsweise Benzoe-Mandeln
1 Teil Olibanum
1 Teil Weißes Sandelholz
½ Teil Muskatnuss
½ Teil Damianakraut
einige Tropfen Rosenöl

Alle festen Zutaten werden zerkleinert, zerdrückt oder zermahlen und vermischt. Dann wird das Rosenöl darüber getropft. Man gibt je nach Gusto ein oder zwei Löffel (am besten mit einem Perlmuttlöffel) auf die glühende Räucherkohle.

Für die Evokation von Undinen (magisches Räucherwerk)

Man nehme folgende Zutaten:
10 Teile Siam-Benzoe
10 Teile Blätter der duftenden Verbena (*Lippia*)
5 Teile Myrrhe

Die Harze (Benzoe, Myrrhe) werden zermörsert und mit den zerkleinerten Verbenablättern vermischt. Die fertige Mischung wird mit Invokationen an Undinen (Elementargeister) auf die glühende Räucherkohle gestreut.

Engelsrauch (religiöses Räucherwerk)

Man nehme folgende Zutaten:
60 g Benzoe
60 g Storax (Styrax calamitus)
30 g Weißes Sandelholz
8 g Gewürznelken
2–3 Stücke Veilchenwurzel (*Iris germanica*)
2 Muskatnüsse
etwas Zitronenschale
etwas Rosenwasser

Die Muskatnüsse werden zerrieben, die Nelken und Veilchenwurzel gepulvert. Das Sandelholz wird fein zerkleinert oder gemahlen. Benzoe und Storax werden zermörsert. Alles wird gut gemischt. Dann wird frische Zitronenschale darüber gerieben und das Rosenwasser aufgesprenkelt. Alles wird miteinander zerknetet. In kleinen Gaben nach und nach auf die Räucherkohle geben.

Inhaltsstoffe
Siam-Benzoe enthält mindestens 20% freie oder gebundene Säuren, bestimmt als Benzoesäure. Daneben sind Zimtsäure, Harze, Coniferylbenzoat, Siaresinolsäure und Vanillin enthalten. Das ätherische Öl besteht aus Benzoe- und Zimtsäure, Vanillin, Styrol, Benzaldehyd. Das ätherische Öl hat in höheren Dosierungen stimmungsaufhellende, erheiternde und anscheinend leicht psychoaktive Wirkungen. Die Sumatra-Benzoe hat eine höhere Konzentration an Zimtsäurederivaten und Koniferylalkoholen, gleich viel Vanillin, entfaltet aber einen etwas gröberen Duft.

Rohdroge
Benzoeharz (Benzoe, Resina Benzoe, Benzoinum)
Handelssorten:
Siam-Benzoe (Siamesische Mandelbenzoe, Benjoin du Laos)
Sumatra-Benzoe (Benjoin de Palembang)
Kalkuttabenzoe

Stammpflanzen

Styrax benzoin Dryand., Styracaceae, Sumatra-
   Benzoebaum, Benzoe-Storaxbaum
   syn. *Laurus benzoin* Houtt., *Benzoin officinale*
   Hayne, *Lithocarpus benzoin* Blume
Styrax tonkinensis (Pierre) Craib ex Hartwich,
   Siam-Benzoebaum
   syn. *Anthostyrax tonkinensis* Pierre
Styrax benzoides Craib, Indischer Benzoebaum

Andere Namen

Asa dulcis (»Süßer [Teufels]dreck«), Asa Odorata,
Benjoim (Brasilien), Benjoin, Benjui (Callawaya-Na-
me), Goma benjoim, Myrrha troglodytica (Apothe-
kenbezeichnung »Myrrhe der Höhlenbewohner«),
Styrax benzoin, Wohlriechender Asant, Wundbalsam

Bernstein
Pinus succinifera

Bernstein ist das fossile Harz verschiedener Bäume,
sowohl Koniferen als auch Laubbäume. Bernstein ist
ein so genanntes Chemofossil; er enthält oft Ein-
schlüsse von prähistorischen Pflanzen und Tieren, die
meist perfekt erhalten sind. Bernsteinfundstellen gibt
es auf der ganzen Welt; besonders bekannt ist der
Baltische Bernstein, der Dominikanische Bernstein,
der Burma-Bernstein (Burmit) und der Bernstein aus
Chiapas (Mexiko). Das älteste Harz der Welt ist ein
Bernstein, genannt *Copalin*, aus der Trias (Karn), gefunden in Niederösterreich, in der Gegend von Lund
(225–231 Millionen Jahre alt). Meist ist er 25–35 Millionen Jahre alt (Miozän).

Der Bernstein des Altertums wurde ausschließlich im
Baltikum, an der germanischen Ostseeküste gefunden. Von dort wurde der bei vornehmen Römern und
Griechen sehr beliebte »Stein«, das »Baltische Gold«,
über die so genannte Bernsteinstraße nach Latium
(historische Landschaft in Mittelitalien) gebracht.
Der Bernsteinhandel war in der Antike sehr lebhaft
und schwungvoll. Das fossile Harz wurde hauptsächlich für den Gebrauch als Schmuck, aber auch für medizinische Zwecke importiert.

Bei den Griechen und Römern wurde der »Sonnen-
stein« oder »Saftstein« wie ein medizinisches Harz
eingesetzt. Bernsteinpulver wurde alleine oder mit
weiteren Zutaten vermischt bei allerlei Schmerzen
eingenommen. Es fand sogar Verwendung in der Ge-

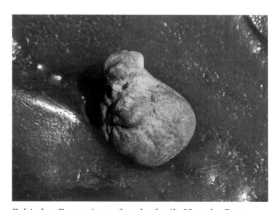

Baltischer Bernsteintropfen, das fossile Harz der Bernsteinkiefer (*Pinus succinifera*, Oligozän).

Chiapanekisches Bernsteinstück, das fossile Harz des Heuschreckenbaums *(Hymenaea courbaril)* (Simojovel, Chiapas, Mexiko).

burtshilfe und sollte die Sehkraft des Auges verbessern. Der aromatische Rauch wurde zur Behandlung der Atemwege inhaliert.

Der Bernstein wurde in der frühen Neuzeit den Harzen und Gummis zugeordnet und fehlte in keiner Pharmakopöe oder keinem Kräuterbuch. Er wurde innerlich und äußerlich verwendet: »Sein Rauch vertreibt die Schlangen / und ist gut den schwangeren Frauen / die Geburt zu erleichtern. So man ihn anzündet / brennet er als Liecht« (LONICERUS, *Kräuterbuch*, 1679: 732). Bernsteinpulver wurde bis in unsere Zeit hinein in Apotheken zur Herstellung pharmazeutischer Räucherstäbchen verwendet.

Bernsteinsplitter oder -pulver gehören zu den nordischen Ingredienzien für Rauhnächte-Räucherungen: »Das fossile Harz steht für die Sonne, die zur Wintersonnenwende wiedergeboren wird« (MARGRET MADEJSKY, pers. Mitteilung).

Anwendung und Rezepte

Bernstein wird eher nicht alleine als Räucherstoff benutzt, sondern als Bestandteil von verschiedenartigsten Mischungen. Der pulverisierte Bernstein ist Bestandteil von medizinischem, rituellem und religiösem Räucherwerk (Räucherpulver aus der Apotheke, Kirchenweihrauch).

Fumigationes contra tussim convulsivam
(Räucherungen gegen Keuchhusten)

»Das gewöhnliche Räucherpulver in der Apotheke *(Species ad suffiendum)* besteht aus Weihrauch, Bernstein, Benzoe und Lavendelblumen. Auch dient letzteres zum Räuchern gegen Gicht, Rheumatismus und gegen den Keuchhusten der Kinder, wenn er über zehn Tage alt und schon ohne Fieber ist. Man räuchert des Abends das Bett und Nachthemd des Kindes in einem besonderen Zimmer (nicht im Schlafzimmer) durch, bevor das Kind zu Bett geht. Dieses Räuchern ist nicht allein hier, sondern auch bei der krampfhaften Engbrüstigkeit Erwachsener sehr wirksam« (MOST 1843: 52).

Rezept für *Species ad suffiendum*

> Man nehme etwa gleiche Teile von:
> Weihrauch (Olibanum)
> Bernstein
> Benzoe
> Lavendelblüten

Alle Zutaten werden zerkleinert, gepulvert und vermischt. Nach und nach auf die Räucherpfanne streuen.

Königsrauch *(Species fumales)*

Medizinisches Räucherpulver aus der Apotheke (bei Erkrankungen der Atemwege).

Man nehme folgende Zutaten:
20 g Bernstein, fein zerstoßen
20 g Weihrauch (Olibanum)
12 g Wacholderbeeren
8 g Lavendelblüten
6 g Benzoe
4 g Veilchenwurzel *(Iris)*
4 g Cascarillarinde
4 g Storax (Styrax)
2 g Nelken

Alles fein pulverisieren und gut vermischen. Auf glühende Kohlen streuen.

Inhaltsstoffe
Bernstein besteht aus einem komplexen Harz (polymere Makromoleküle), das aus 79% Kohlenstoff, 10,5% Wasserstoff und 10,5% Sauerstoff zusammengesetzt ist, mit der Summenformel $C_{10}H_{16}O$; daneben enthält er Succoxyabietic sowie Bernsteinsäure (Succinosilvi- und Succinoabietinolsäure). Das Harz des Baltischen Bernsteins ist strukturell sehr ähnlich aufgebaut wie das Harz aus der rezenten Atlaszeder *(Cedrus atlanticus)*. Einige Bernsteinsorten enthalten sogar noch ätherische Öle.

Rohdroge
Bernstein (Succinum), -splitter, -pulver

Stammpflanze
Pinus succinifera (GÖPPERT) CONWENTZ., Coniferae, Bernsteinkiefer, Bernsteinfichte (ausgestorbene Art, Oligozän)

Andere Namen
Agtstein, Ambar, Amber, Ambra flava, Ambre jaune, Börnstein, Brennstein, Copalin, Copalit, Electrum, Karabé, Succinum, Succinit, Yellow Amber

Breuzinho
Protium heptaphyllum

Das harte, dunkelgraue Harz entsteht, wenn die Rinde am Stamm dieses tropischen Laubbaums der südamerikanischen Regenwälder verletzt oder geritzt wird.

Die Tanimuka-Indianer aromatisieren mit dem verdampften Harz geröstete und pulverisierte Cocablätter. Viele Amazonasstämme nutzen Breuzinho zur Behandlung von Nasenerkrankungen. Sie stopfen sich etwas Harz in die Nasenlöcher, um bei Erkältungen frei atmen zu können.

Die in Venezuela lebenden Warao, bei denen bis heute der Schamanismus im rituellen Zentrum steht, benutzen Breuzinho – dort *caraña* genannt – als reinigendes Räuchermittel. Sie verbrennen es in Räucherschalen, Pfeifen oder den rituellen Tabakzigarren *(Nicotiana rustica)*. Die Piritu-Schamanen rauchen mit *caraña* aromatisierte Zigarren während ihrer Rituale. Das Harz hat einen starken Effekt auf die Stimmbänder und entstellt die Stimme des Rauchers bis zur Unkenntlichkeit. Diese rauhe, rauchige, tiefe Stimme gilt als angemessen für die Kommunikation mit der spirituellen Welt.

In Brasilien wird Breu oder Breuzinho heutzutage ausgiebig bei den Ritualen und Gottesdiensten der

Das Harz (Breu, Breuzinho) des amazonischen Copalbaumes *(Protium heptaphyllum)* gehört in Brasilien zu den wichtigsten Räucherstoffen in entheogenen Ayahuascaritualen, spirituellen Kulten, ritueller Magie und diversen christlichen Sekten. Es hat beim Räuchern einen copalähnlichen, aber herberen oder holzigeren Geruch.

Breuzinho in einer peruanischen Muschelschale
(*Larkinia grandis*).

verschiedenen Ayahuascakirchen als heiliges Räucherwerk verbrannt. Bevor die Gemeinde den psychedelischen Ayahuascatrank erhält, wird das pulverisierte Harz auf glühende Holzkohlen gegeben. Sowohl die Teilnehmer an der »entheogenen Kommunion« als auch die Räumlichkeiten werden zur spirituellen Reinigung beräuchert. Dazu wird der Kultort in dessen vier Ecken bzw. Himmelsrichtungen ausgeräuchert sowie jeder Teilnehmer beräuchert.

Anwendung

Das nach Copal duftende Breuzinho kommt in kleinen Brocken oder als grobes Pulver in den Handel. Zum Räuchern wird es fast ausschließlich unvermischt benutzt. Dazu ist es am besten, wenn man es fein pulverisiert und in kleinen Gaben nach und nach auf die glühende Holzkohle streut.
Breuzinho ist ein ritueller Räucherstoff, der besonders für entheogene Rituale (Ayahuasca, San Pedro) geeignet ist.
Im Amazonasgebiet wird Breuzinho gerne zum Aromatisieren von Rauchtabak verwendet.

Inhaltsstoffe
Das Harz enthält 30 % Protamyrine, 25 % Proteleminische Säure, 37,5 % Proteleresin, Triterpene, Cumarinlignoide und andere Stoffe (ätherisches Öl) in geringen Mengen.

Rohdroge
Harz (Resina Tacamahaca Conimaharz, Rotes Animeharz)

Stammpflanze
Protium heptaphyllum (AUBL.) MARCH., Burseraceae
syn. *Icica tacamahaca* H. B. K.

Andere Namen
Amerikanisches/Columbisches Tacamahaca, Anime, Brasilianisches Almesseya-Elemi, Brazilian Elemi, Brea, Breu, Breu branco, Breuzinhoharz, Carana, Caraña, Cayenne-Weihrauch, Conima, Conimaharz, Copal, Gum caranna, Kupal, Pergamín (Kolumbien), Tacamahaca, Tacamahaca Gum, Tagundnachtharz

Copal
Protium copal

Der Echte Copal stammt von einem kleinen Laubbaum, der im tropischen Tiefland von Südmexiko, Belize und dem Peten (Guatemala) verbreitet ist. Oft findet man diese immergrünen Bäume an alten Mayaruinen, zum Beispiel in Tikal, zwischen den steilen und hohen Pyramiden aus der klassischen Mayazeit. Da der Bedarf an Copal in den Ritualzentren äußert hoch war, wurden die heiligen Bäume dort angepflanzt.

Das Zapfen des Copalharzes ist sehr schwierig und aufwendig. Die Bäume liefern nicht viel Saft *(yits pom)*. Und das bisschen, was aus den Kerben austritt, gehört zu der Lieblingsnahrung der einheimischen stachellosen Bienen (Meliponidae), die berauschenden Honig produzieren. Deshalb müssen die Einschnitte abgedeckt und gut bewacht werden. Der Copalsaft ist klar und dünnflüssig und hat einen eher abstoßenden Geruch nach Terpentin oder Lack. Der gezapfte Saft wird in kleinen Schiffchen aus verknoteten Palmenblättern aufgefangen und in Baumkürbisschalen gefüllt. Er dickt langsam ein und härtet zu einem weißen, manchmal schwach gelblichen, jetzt köstlich duftenden Harz.

Das Copalharz wurde und wird von den Maya bei allen schamanischen Ritualen und religiösen Zeremonien geräuchert. Früher wurde es auf die glühende Holzkohle – die sich in speziellen Räuchergefäßen aus Keramik befand – gestreut. Das Harz ist so rein, dass es sofort verdampft. Der weiße Dampf verbreitet sein Aroma überraschend schnell. Der Copalgeruch galt und gilt den Maya als der Duft der Götter. Er ernährt die Götter, hält sie bei Laune, macht sie glücklich und gewillt, schützend ihre Kräfte zum Nutzen der Menschen walten zu lassen. Der Copalrauch verbindet die Erde mit dem Himmel, die Menschen mit den Göttern und die Schamanen mit der anderen Wirklichkeit.

»Der Duft kommt mit dem Wind des weißen Südhimmels
Darauf sitzend getragen duftet es vom Berge
Er erhebt sich dort beim Copalbaum
Der Duft kommt …
Das Geschenk der Weihrauchkugeln.«
Weihrauchlied der Lakandonen

In einem kolonialzeitlichen Mayatext heißt es, der »köstlichste Duft im Zentrum des Himmels ist brennendes Copal« (*Chumayel*-Manuskript). An anderer Stelle wird das Copalharz »das Gehirn des Himmels«

Das Laub des Echten Copalbaums *(Protium copal)* im tropischen Regenwald der Maya Mountains (Belize, 1996).

Hach Pom (Maya/Lakandon, »Echter Weihrauch«): das Harz des Echten Copalbaumes *(Protium copal)* (Palenque, Chiapas, Mexiko).

genannt. Der in dreizehn Lagen – entsprechend den dreizehn Himmelsschichten der Mayakosmologie – auf ein Opferbrett aufgetragene Weihrauch hieß »Plazenta des Himmels«. Die Weihrauchgefäße wurden nach dem Gott der Räucherstoffe *yum kak*, »Herr des Feuers«, benannt. Die spanischen Konquistadoren konnten den einheimischen Gebrauch auf der Halbinsel Yucatán beobachten und schrieben darüber: »Dort gibt es viele Bäume, die in ihrer Sprache *pom* heißen. Von diesen Bäumen gewinnen sie ein Harz, das dem Weihrauch ähnelt und mit dem die Eingeborenen ihre Götzen und Götzenhäuser beräuchern« (*Relaciones de Yucatán* I, 56).

Mit dem Rauch wurden nicht nur die Götter beweihräuchert und Geister vertrieben, sondern auch abgestorbene Föten ausgetrieben und Hämorrhoiden behandelt. Die Maya haben Abkochungen des Harzes als Medizin bei Erkältungen und Asthma, bei Unterleibsschmerzen und Schwellungen, rektalen Entzündungen und Durchfällen genutzt, aber auch als Aphrodisiakum geschätzt. Sogar die Spanier haben das Copalharz in der Kolonialzeit bereits als Heilmittel verwendet.

Die vorspanischen Zahnärzte der Maya und Azteken benutzten Copal, um die Löcher in den Zähnen der Würdenträger und Herrscherfamilien zu stopfen, damit dadurch ihre gesprochenen Worte »mit göttlicher Klarheit« aus dem Munde gehaucht werden konnten. Copal wird noch heute in der Zahnheilkunde benutzt, damit sich das Silberamalgam nicht entfärbt.

Die Maya im südlichen Tiefland (Itzá, Mopan) räuchern das Harz zur Abwehr von schwarzer Magie, bösen Geistern und dem »Bösen Blick«. Das Harz hat die stärkste Kraft, wenn es in einer Vollmondnacht gezapft wurde. Da der Harzfluss nur gering ist, kann der Sammler den Fluss beschleunigen, indem er nach dem Ritzen der Rinde nach Hause geht und eine Schale mit einem heißen Maismehlgetränk (Atole) trinkt. Das Maisgetränk hat die gleiche dickflüssige Konsistenz und weiße Farbe wie das Copalharz.

Copale dienten und dienen als Räucherstoffe und zum Aromatisieren von Tabak und Rauchmischungen. Die Huaxteken, ein mit den Maya verwandter Stamm am Golf von Mexiko, räuchern Copal mit Tabak bei Fällen von Hexerei. Sie benutzen Copal als rituellen Räucherstoff bei fast allen Opferhandlungen, Begräbnissen, sogar bei der katholischen Messe. Das Harz wird auf glühender Kohle in einem Weihrauchbrenngefäß geräuchert; als Opfergabe an die Santos, die »Heiligen«, die Leichen und an die vier Himmelsrichtungen. Zu Neujahr oder zur Weihe eines neuen Hauses werden acht oder neun abgezählte Copalstücke in den vier Richtungen deponiert. Der Copal wird vor allem geräuchert, um mit den Maams, den vier Regengöttern, zu kommunizieren. Das Harz wird im Weihrauchgefäß verbrannt, um starken Regen zu stoppen. Copal wird immer bei der Divination durch einen Kalenderpriester geräuchert, als »Nahrung für die Götter«. Wenn der Wahrsagepriester mit *colorines* (Samen von *Erythrina* spp.) und Quarzkristallen den 260-tägigen vorspanischen Kalender auszählt, muss ständig Copal räuchern.

Anwendung und Rezepte

Der Echte Copal ist am besten unvermischt zu gebrauchen. Sein bezaubernder Duft wird für schamanische Rituale, Opfer und Reinigungen geschätzt.

**Schamanische Räucherung für den Kontakt
zu den Göttern (Mayakultur)**

> Man nehme etwa gleiche Teile von:
> Copal
> Stechapfelsamen *(Datura innoxia* oder *Datura
> stramonium)*

Der Copal wird grob zerkleinert, zu Stücken von der
Größe der Stechapfelsamen. Beides wird vermischt
und nach und nach auf die Räucherkohle gestreut.

Inhaltsstoffe
Fast alle Copalharze enthalten Resinolsäuren, Resen,
verschieden zusammengesetzte ätherische Öle und
Bitterstoffe. In den *Protium*-Harzen sind Triterpene
festgestellt worden sowie Cumarinlignoide.

Rohdroge
Copal, Copalharz (Resina Copal, Gummi Copal, Succinum indicum)

Stammpflanze
Protium copal (SCHLECHT. et CHAM.) ENGL.,
    Burseraceae
    syn. *Icica copal* SCHL. et CHAM.

Andere Namen
Anime, Copal de Santo, Copal vero, Copal-Pom
(Maya-Itza), Copalillo (spanisch), Echter Copal, Hach
Pom (Lakandon), Hom (huaxtekisch), Ikob, Incienso
Copal, Kib (Maya, »Kerze/Flamme«), Kopal, Kopal-
gummi, Latin American Incense, Maya-Incense, Pom
(Maya), Puam (totonakisch), Tacamahaca

Copal Kongo
Guibourtia spp.

Der Copal Kongo ist ein hartes, klares und durchscheinendes, brüchiges Harz von gelber bis leicht
bräunlicher Färbung. Es entfaltet beim Räuchern einen typischen »Copalduft«, weihrauchähnlich, aber
leicht fruchtig.
Der Cramantee genannte Baum gehört zu den so genannten *copaliers*, den Copal liefernden afrikanischen
Hülsenfrüchtlern (Sierra Leone, Gabun, Senegal,
Gambia, Kongo), Verwandten der südamerikanischen
Stammpflanzen für den Copaiba-Balsam (*Copaifera*
spp.). Er scheidet bei Verwundungen reichlich Harz
aus, das am Boden oft zu großen Klumpen zusam-
menfließt. Da es sehr beständig und haltbar ist, über-
dauert es oft im Waldboden und wird noch gefunden,
wenn der Mutterbaum längst vergangen ist. Deshalb
wird der harte Kongo-Copal oftmals als sub- oder
semifossiles Harz beschrieben. Der Kongo-Copal
ähnelt dem Kolophonium (Geigenharz).

Das Räucherharz Copal Kongo aus Afrika stammt vom
Cramantee-Baum *(Guibourtia demeusei)*. Die Rohdroge ist
fast geruchlos, entwickelt auf der Räucherkohle aber
einen duftenden weißen Dampf (Handelsware, 2001).

Handelsware	Stammpflanze	Herkunft
Manila-Kopal	*Agathis dammara* (Araucariaceae)	Sundainseln, Molluken, Philippinen
Sansibar-Kopal	*Trachylobium verrucosum* (Leguminosae)	tropisches Ostafrika
Kauri-Kopal	fossiles Harz (diverse Stammpflanzen)	Westafrika
Kauri-Kopal	*Agathis australis* (Araucariaceae)	Neuseeland
Neuseeland-Kopal	fossiles Harz von *Agathis australis*	Neuseeland

Copale als sub- oder semifossile Harze

Eigentlich bezeichnet Copal (oder Kopal) nur die amerikanischen Harze, die vornehmlich in Mittelamerika und in der Karibik verwendet werden. Der Name Copal (Kopal) wird aber auch für verschiedene Apothekenhandelswaren und bernsteinähnliche, fossile oder subfossile Harze verwendet.

Anwendung

Der Copal-Kongo eignet sich am besten als Einzelräucherung. Dazu wird er fein zerkleinert (Mörser) und in kleinen Gaben auf die Holzkohle gegeben. Man kann dieses feine Harz auch anstelle des Echten Copals verwenden, also auch mit Nachtschattengewächsen kombinieren.

Inhaltsstoffe
Das Copal-Kongo-Harz enthält zu den Diterpenen gehörende Labdansäuren (Copalsäure, Oxysäuren, Harzsäuren), Resen, ätherisches Öl.

Rohdroge
Harz (Resina Copal Congo, Congo-Kopal)

Stammpflanzen
Guibourtia demeusei (HARMS) LEONARD, Leguminosae, Fabaceae: Caesalpinioideae, Hülsenfrüchtler, Cramantee-Baum
    syn. *Copaifera demeusei* HARMS
Guibourtia copalifera BENTH.

Subfossile Copalharze werden in Afrika und Amerika volkstümlich oft »Bernstein« genannt, obwohl sie dafür zu jung sind. In Kolumbien heißt das subfossile Harz eines Heuschreckenbaums (*Hymenaea* sp.) im Spanischen *Ambar*, »Bernstein«.

Andere Namen
African Copal, Afrikanischer Kopal, Cameroon Copal, Congo Copal, Copal Congo, Kongo-Copal, Kopal Kongo, Westafrikanischer Kopal

Copal de Puebla
Bursera spp.

Die amerikanischen *Bursera*-Arten sind recht kleine, immergrüne Bäume oder Sträucher, die kaum höher als fünfzehn Meter werden und an die Weihrauchbäume Arabiens erinnern. Die Harze der mexikanischen *Bursera*-Arten haben beim Räuchern einen ähnlichen Duft wie andere Copale, Dammar, Elemi oder Olibanum.

In Mexiko kommen zahlreiche Arten der Gattung *Bursera* vor. All diese Sträucher produzieren aromatische Harze oder Gummiharze, die seit vorspanischen Zeiten als Copale bezeichnet werden. Diese Harzlieferanten waren schon den Azteken gut bekannt und wurden wegen ihres Nutzens als Räucherwerk und Medizin hoch geschätzt.

Die aztekischen Kinder trugen kleine, mit Copalklumpen gefüllte Baumwollbeutel zum Schutz vor Krankheiten bei sich. Beim Fest des Regengottes Tlaloc schmückten die Regenpriester ihre Hüte mit Pyramiden aus Copalharz, das später als Opfer verbrannt wurde. Die Azteken haben *Bursera*-Harze auch medizinisch genutzt. Bei Zahnschmerzen wurden Harzklümpchen in den hohlen oder an den erkrankten Zahn gedrückt.

Die *Bursera*-Harze haben unterschiedliche Qualitäten, was den Geruch, die pharmakologischen und psychologischen Effekte betrifft. Sie haben beim Inhalieren oft beruhigende, stimmungsaufhellende, sogar euphorisierende Wirkungen. Dem Copal de Santo, »Weihrauch der Heiligen«, das Harz von *Bursera bipinnata*, werden »halluzinogene« Wirkungen nachgesagt. Deshalb wurde Copal de Santo zur Verstärkung der Rauschwirkung ins Räucherwerk gemischt oder dem Pulque (Agavenwein) zugesetzt.

Das berauschende Getränk diente als Trankopfer an die Götter und wurde auch beim Menschenopfer benötigt. Die aztekischen Menschenopfer mussten vor der Zeremonie vier Schalen Pulque, die mit einem Rindendekokt aus dem Weihrauchbaum *Bursera bipinnata* und/oder *Datura innoxia* versetzt war, trinken. Derart berauscht durften sie sich auf dem Opferaltar vom Priester bei lebendigem Leibe die Herzen herausreißen lassen. Die zuckenden Men-

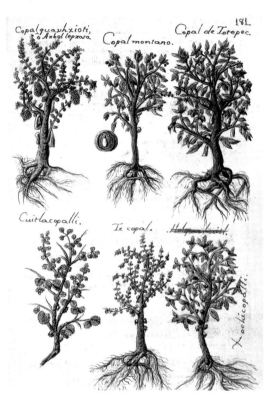

Verschiedene Copalbäume (Nahuatl): *Copalquauhxiotl* (*Bursera* sp.), *Copal montano* (*Bursera* sp.), *Copal de Totepec* (*Bursera trijuga* RAM.), *Cuitlacopalli* (*Bursera odorata* BRAND.), *Te copal* (*Bursera* sp.), *Xochicopalli*, vielleicht *Bursera aloexylon* SCHIEDE. (aus: NAVARRO 1801, fol. 181).

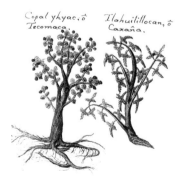

Copal yhyac o tecomaca (*Bursera tecomaca* D.C.), *Tlahuilillocan o Caraña* (*Bursera* sp.) (aus: NAVARRO 1801, fol. 184).

schenherzen waren genauso wie der Copalrauch die Lieblingsnahrung des Sonnen- und Kriegsgottes Huitzilopochtli, »des linken Kolibris«.

In Mexiko ist der Copal de Puebla, das Harz von einem einheimischen Weihrauchstrauch (*Bursera* sp.), ein bis heute geschätzter Räucherstoff.

Europäische Darstellung eines aztekischen Räucherrituals für den Gott Huitzilopochtli: »Die Priester haben besondere Fasttage, die sie mit ihrem Abgott Vitzliputzli zu Ehren feiern. Alsdann kommen sie vor dem Abgott zusammen, spielen auf Schalmeien, Zinken und dergleichen Instrumenten, danach kommt einer der obersten Priester mit einem Weihrauchgefäß, nimmt Feuer, das stets vor dem Abgott brennt, aus dem Feuerkessel und beräuchert den Abgott mit Weihrauch« (Kupferstich von Theodor de Bry, 1528–1598, aus: Jean de Bry, *Amerika oder die Neue Welt*, 1601).

War die psychoaktive Wirkung des puren Harzes nicht ausreichend oder befriedigend, konnte man es mit anderen »Pflanzen der Götter« aufpeppen. Im alten Mexiko waren die halluzinogenen Stechapfelsamen (*Datura innoxia*) anscheinend ein wichtiger Bestandteil ritueller Räuchermischungen, die aus Copal und anderen Harzen komponiert wurden. Es gibt verschiedene archäologische Funde, die nahelegen, dass

Räuchergefäße in der Form der Stechapfelfrucht zum Räuchern solcher Mischungen verwendet wurden.

Die nordmexikanischen Tarahumara verwenden noch heute psychotropes Räucherwerk aus *Bursera*-Harzen und Schnipseln des meskalinhaltigen Peyotekaktus (*Lophophora williamsii*) für schamanische Rituale.

Das Copalharz wird meist in Taschen aus einheimischem Papier (*amate*), das aus der Rinde einer Feigenart (*Ficus* spp.) gewonnen wird, aufbewahrt. Es wird nur zum Räuchern hervorgeholt. Die mazatekischen Heiler und Schamanen benutzen das Harz zum Beräuchern der psychedelischen Zauberpilze (*Psilocybe* spp.) bei nächtlichen Heilritualen, aber auch zur Divination. Dazu wird es entzündet und in eine mit Wasser gefüllte Schale gelegt. Wenn es verbrannt ist und ins Wasser sinkt, bilden sich unterschiedliche Formen und Gestalten, die dann vom Wahrsager gedeutet werden.

In der mexikanischen Magie und Volksmedizin wird das nur selten in den Handel gelangende Copal de Puebla als rituelles Räuchermittel (*sahumerio*) zum Schutz vor der *brujería*, »Hexerei«, geräuchert. Eine kleine Kugel (zirka ein Zentimeter im Durchmesser) des weißen Harzes wird in einem Glas heißes Wasser gelöst getrunken, um Magen- und Unterleibsschmerzen zu heilen.

Copale werden aber auch von der nichtindianischen Bevölkerung des tropischen Mittelamerikas verwendet. Auf den Bahamas wird aus der harzigen Rinde des Gommalimi (*Bursera simaruba*) zusammen mit wilden Bananen (*Musa sapientum* L. var. *paradisiaca*), Mahagonirinde (*Swietenia mahagoni*) und der Liebeswinde (*Cassytha filiformis*) ein Tee gegen »Verlust der Männlichkeit« (Impotenz) gekocht. Im Gummi Elemi wurde ein Stoff gefunden, der mit den menschlichen Pheromonen analog ist!

Anwendung und Rezepte

Wie alle Copale, eignet sich auch dieses Harz besonders gut als Einzelräucherung. Aber auch in Kombinationen mit Kräutern (zum Beispiel Tabak, Eukalyptus, Lorbeer) hat es gute Eigenschaften.

Dammar
Canarium strictum

Räucherwerk für Sexualmagie

Man nehme etwa gleiche Teile von:
Copal de Puebla
Damianakraut (*Turnera diffusa* var. *aphrodisiaca*)

Das Harz wird grob zermahlen und mit dem fein zerkleinerten Damianakraut vermischt. Teelöffelweise auf die glühende Räucherkohle geben. Eignet sich als Einstimmung für erotische Rituale.

Schamanischer Opferweihrauch (Mexiko)

Als »Nahrung der Götter«, zum Schutz vor Hexerei und zur Speisung der Ahnen.

Man nehme folgende Zutaten:
2 Teile Copal de Puebla
1 Teil Stechapfelsamen (*Datura innoxia*)
1 Teil Yauhlti bzw. Aniskraut (*Tagetes lucida*)

Das Harz wird zerstampft und mit den Stechapfelsamen und dem fein zerkleinerten Tageteskraut vermischt. Teelöffelweise auf die glühende Holzkohle streuen. Diese Mischung kann bei tiefer Inhalation psychoaktiv sein!

Inhaltsstoffe
Fast alle Copalharze enthalten Resinolsäuren, Resen, verschieden zusammengesetzte ätherische Öle und Bitterstoffe. Die *Bursera*-Harze sind besonders reich an Triterpenen. Sie enthalten etwas ätherisches Öl.

Rohdroge
Harz (Resina Copal)

Stammpflanzen
Bursera spp., Burseraceae
Bursera bipinnata Engl., Copal de Santo, Heiliges
Copal
syn. *Elaphrium bipinnatum* (DC.) Schlecht.
Bursera microphylla Gray, Copal, Palo Santo
Bursera submoniliformis Engelm. (heimisch in Puebla)

Andere Namen
Copal, Copal grueso, Copal de Santo, Copalillo, Incienso de Puebla

In Malaysia bezeichnete das Wort *damar* ursprünglich eine Harzfackel. Das Wort wurde dort bald als Sammelbezeichnung für alle Räucherharze benutzt, bedeutet also allgemein »Weihrauch«. Im malayischen Archipel wird vor Ort das Harz von *Agathis dammara* Rich. (Araucariaceae), einem gewaltigen Nadelbaum, schlicht *damar* genannt, gewonnen; es kommt aber meist unter dem Namen Copal in den internationalen Handel.

Heutzutage wird gewöhnlich das Harz des indischen Weihrauchgewächses *Canarium strictum* als Dammar bezeichnet und unter diesem Namen weltweit vertrieben.

Das Weiße Dammar ist ein klares, farbloses hartes Harz, das von dem indischen Weihrauchbaum (*Canarium strictum*) stammt. Es verdampft auf der Räucherkohle und verbreitet ein fruchtig-harziges, belebendes Aroma (Handelsware, 2001).

Dammar oder Manila Copal ist ein traditionelles Räucherharz von den Philippinen, das auch als Weihrauchersatz in der dortigen katholischen Kirche verwendet wird.

Anwendung und Rezepte

Das stimmungsaufhellende Dammarharz wird vor allem bei Traurigkeit, Niedergeschlagenheit, Schwermut und verdunkelter Seele geräuchert. Der fruchtige, fast zitronige, aber auch weihevolle Duft gilt als seelenreinigend. Deshalb ist dieser Räucherstoff besonders gut für die Meditation und Lösung persönlicher Probleme geeignet. Dammarharze dienen auch gut als einfaches Räucherwerk für schamanische Rituale, zum Beispiel zur Tierverwandlung. Weißes Dammar wird oft als Ersatz für das wesentlich teurere Mastix in (Kirchen-)Weihrauchmischungen verwendet.

Räucherwerk zur Unterstützung der Meditation

Man nehme folgende Zutaten:
2 Teile Dammar, weiß
1 Teil Zimtkassienrinde *(Cinnamomum cassia)*

Das Harz und die Rinde werden fein pulverisiert und vermischt. In kleinen Gaben auf die Räucherkohle streuen.

Räucherwerk zur Hausreinigung

Man nehme folgende Zutaten:
4 Teile Dammar
1 Teil Ysopkraut
1 Teil Rosmarinblätter
Tropfen Rosmarinöl

Das Harz wird zermahlen und mit den fein zerkleinerten Kräutern (Ysop, Rosmarin) vermischt. Die Mischung wird mit Rosmarinöl befeuchtet und zu kleinen Kugeln gedreht. Jeweils eine Kugel auf die Räucherkohle legen.

Inhaltsstoffe
Das Dammarharz enthält Resene, Dammarolsäuren, aber nur wenig ätherisches Öl. Manila Copal enthält Harzsäuren (Mancopalsäuren).

Rohdroge
Harz (Resina Dammar, Dammar putih.)

Stammpflanze
Canarium strictum ROXB., Burseraceae (Indien, Oberburma), Karutha kunthirickam, Telli

Andere Namen
Copal, Copal Manila, Damar (malayisch »Harzfackel«), Dammar weiß, Dammara, Felsendammar, Katzenaugenharz, Manila Copal, Philippinen-Kopal, Steindammar, Weißer Dammar

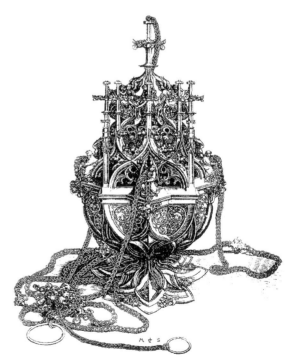

Rauchfass (Goldschmiedezeichnung von Martin Schongauer, um 1500).

Elemi

Canarium luzonicum

Im Apothekenhandel wird normalerweise das weiche, gelbe Harz der philippinischen Stammpflanze *Canarium luzonicum* als *Elemi* oder *Gummi Elemi* bezeichnet (offizinelle Droge).

Elemi stammt von einem bis zu fünfunddreißig Meter hohen Laubbaum, der häufig in den tropischen Primärwäldern der Philippinen gedeiht. Sein aromatisches Harz, das leicht durch Einschneiden der Rinde gewonnen wird, identifizierten die spanischen Missionare, die von Mexiko auf die Philippinen gekommen waren, mit dem mexikanischen *Copal* und gaben dem sehr ähnlichen Harz denselben Namen, nur mit dem Zusatz *Manila*, dem Namen der philippinischen Hauptstadt auf Luzon, von wo das Harz in alle Welt verschifft wurde. Die katholische Kirche erlaubte den Gebrauch von Elemi oder Copal Manila als Ersatz für Olibanum im Kirchenweihrauch.

Vor der Christianisierung der Philippinen wurde das Harz *(Sahing)* wahrscheinlich als schamanischer Räucherstoff genutzt. Ein volksmedizinischer Gebrauch hat sich bis heute erhalten. Das Harz wird als äußerliche Stimulans (Abreibung) bei Rheumatismus, Geschwüren, Schwellungen und Abszessen aufgetragen. Am häufigsten wird in Europa der philippinische Manila-Kopal angeboten. Beim Räuchern erinnert der Manila-Kopal sehr an die mexikanischen Harze, ist aber etwas süßer, frischer und ausgesprochen angenehm.

Das leicht gelbliche Harz des philippinischen Elemibaumes *(Canarium luzonicum)* kommt als klebrige Paste in den Räucherstoffhandel (Handelsware, 2001).

Anwendung und Rezepte

Das klebrige Elemi ist als Einzelsubstanz kaum zu gebrauchen. Es wird am besten mit pulverisierten Hartharzen (zum Beispiel Mastix, Benzoe) und Kräutern verknetet benutzt.

Elemi erotici

Man nehme folgende Zutaten:
2 Teile Elemi
2 Teile Mastix
1 Teil Citronellgras bzw. Lemongras
(Cymbopogon nardus)
1 Teil Mariengras *(Hierochloe odorata)*

Die fein zerhackten Gräser werden mit dem pulverisierten Mastix vermischt und mit dem Elemi verknetet. In kleinen Brocken auf die glühende Holzkohle legen.

Magische Räucherung (China)

Traditionelles Räucherwerk gegen böse Geister, lästige Insekten und Zahnschmerzen.

Man nehme folgende Zutaten:
3 Teile Elemi
1 Teil Styrax
1 Teil Benzoe
1 Teil Indischer Weihrauch
1 Teil Adlerholz
½ Teil Gewürznelken

Die Hartharze (Benzoe, Indischer Weihrauch) werden pulverisiert und mit den Adlerholzspänen sowie den zermahlenen Gewürznelken vermischt. Alles wird mit Elemi und Styrax verknetet. In Kügelchen gedreht auf glühende Holzkohle werfen.

Inhaltsstoffe
Elemi oder Sahing ist ein Oleoresin, das bis zu 30%
ätherisches Öl (mit α-Amyrin, β-Amyrin, Bryaidin,
Brein), Elemisäuren (α und β) und Resene enthält.
Im Stamm von *Canarium luzonicum* kommen Calciu-
moxalat, Tannin und Fette vor.

Rohdroge
Harz (Resina Elemi, Manila-Kopal, Manila-Elemi,
Elemi manilanum), Elemi Manila; weiches, klebriges,
weißes bis gelbliches Harz (Oleoresin)

Stammpflanze
Canarium luzonicum (Blume) A. Gray, Burseraceae,
    Elemibaum, Cánary Tree

Andere Namen
Alanki, Antang, Anteng, Bakan, Bakong, Baumharz,
Brea blanca (spanisch), Bulau, Canary Resin, Copal
Elemi, Copal Manila, Dammar, Elémi, Elémi de
Manille, Gommalini, Gum Elemi, Malapili, Manila
Elemi, Manila-Kopal, Philippinisches Elemi, Pilaway
(Tagalot), Pili, Pisa, Résine d'Elémi, Sahing, Tugtu-
gin

Amerikanisches Elemi oder Caraña ist ein duftendes
Weichharz, das von *Protium carana* gezapft wird (Kolumbien). Es wird medizinisch (bei Hautkrankheiten), als tech-
nischer Werkstoff, als Aromazusatz für Tabak und Cocablätter und als Ingredienz für schamanisches Räucherwerk
verwendet.

Fichtenharz und -rinde
Picea abies

Viele Menschen halten Fichten für Tannen. Fichten
sind tatsächlich mit Tannen sehr nahe verwandt. Auch
als Duft- und Räucherstoffe ähneln sie den Tannen,
sind aber nicht so hochwertig. Das Fichtenharz, das
sich auf dem Waldboden sammelt, wurde früher
»Waldweihrauch« genannt.
Die Fichte ist ein typisch europäischer Baum, der bis
zu fünfzig oder sogar bis zu siebzig Meter hoch wachsen kann. Sein Holz wird vielfältig genutzt, deshalb
wurde der schnell wachsende Baum in großen Mono-
kulturen angebaut. Aus den geraden Fichtenstämmen
wurden Schiffsmasten hergestellt. Deshalb war die
Fichte wohl auch dem Poseidon, dem griechischen
Gott der Meere, geweiht.
Die Irminssäule, eine Art schamanischer Weltenbaum, war ein Baumheiligtum der Germanen; es war
eine Fichte (wurde von Karl dem Großen im 8. Jahrhundert demonstrativ abgeholzt!). Es heißt, dass in
der Fichte ein weiblicher, mütterlich schützender
Baumgeist wohne. Die heidnische Verehrung der
Fichte lebt bis heute in der Wetterfichte, dem Mai-
baum und dem Weihnachtsbaum fort.
Das Fichtenharz wurde von den Kelten als Bierzusatz
benutzt. Schamanen haben Tabak zusammen mit
Fichtenrinde geraucht. Im Mittelalter galt der Duft
der Fichte als Heilmittel von Seuchen.

»Der grüne Duft der Fichtennadeln und
der balsamische Duft des Harzes spenden in den
dunkelsten Nächten Seelenbalsam. Die gerad-
wüchsige Fichte richtet in der Zeit zwischen
den Jahren Geist und Seele wieder auf« (Margret
Madejsky, pers. Mitteilung).

Fichtenharze spielen in der Geschichte der Räucherstoffe eigentlich nur eine größere Rolle als Verfäl-
schungsmittel für exotische Harze (vor allem für Olibanum). Hingegen hat das aus der Fichte gewonnene
Terpentin in der Medizin- und Pharmaziegeschichte
bis heute eine große Bedeutung. Wahrscheinlich war

Natürliches, getrocknetes Fichtenharz *(Picea abies)*.

das Fichtenharz vor der Einfuhr exotischer Räucherstoffe ein wichtiges ureuropäisches Räuchermittel. Jedenfalls können Nadeln, Zapfen und Harz zur Reinigung und Desinfektion von Räumen geräuchert werden. Der Terpentinräucherung werden sogar psychoaktive Wirkungen nachgesagt.

Anwendung und Rezepte

Fichtenharz und -rinde werden vor allem in nordischen Räucherungen verwendet.

Bis heute ist Fichtenharz eine wesentliche – oft eine Hauptzutat – für die weihnachtlichen Rauhnächteräucherungen. »Eine Fichtenräucherung wirkt vermittelnd auf den Körper und lässt ihn wieder seinen Platz am Ort finden« (René A. Strassmann, *Baumheilkunde*, AT Verlag, 1994: 138).

Nordischer Weihrauch für die Rauhnächte

Man nehme etwa gleiche Teile von:
Wacholderbeeren *(Juniperus communis)*
Beifußkraut *(Artemisia vulgaris)*
Fichtenharz *(Picea abies)*
Eibennadeln *(Taxus baccata)*

Die Wacholderbeeren werden zerquetscht und mit dem zerkleinerten Fichtenharz gut vermischt. Die zerkleinerten Beifußblütenstände werden damit zusammen verknetet. Zum Schluss vermengt man alles mit den zerkleinerten Eibennadeln. Teelöffelweise auf die Räucherkohle geben. Es knistert schön …

Rauhnächteräucherung

Man nehme etwa gleiche Teile von:
Fichtenharz (Resina Pini burgundi)
Wacholderbeeren (Fructus Juniperi)
Lebensbaumzweigspitzen *(Thuja orientalis* L.)

Die grob zerkleinerten Zutaten werden vermischt und teelöffelweise auf die glühende Kohle gestreut.

Fichtenrinde ist auch eine Zutat zu schamanischen Rauchmischungen (zum Beispiel in Sibirien). Dazu wird sie fein zerkleinert in Zigarren eingerollt oder unter den Pfeifentabak gemischt.

Das pharmazeutische Burgunderharz (Resina Pini burgundica) aus dem Apothekenhandel.

Inhaltsstoffe
Die frischen Ausscheidungen (Oleoresin) der Fichte bestehen aus Therebinthin und Harz (Burgunderharz, -pech) sowie etwas ätherischem Öl.
In den Nadeln sind 0,2% ätherisches Öl bestehend aus Bornylacetat, Pinen, Phellandren, Dipenten, Candinen, Santen u.a.; daneben sind Gerbstoffe, Vitamin C, Wachs, Zucker und Ameisensäure vorhanden. Das ätherische Öl wirkt keimtötend, schleimlösend und entzündungshemmend.

Rohdroge
Fichtenharz (Resina Pini alba, Gelbharz)
Pharmazeutische Droge:
Fichtenharz: Resina Pini burgundica (EB6) = Burgunderharz (gereinigtes Fichtenharz, gelb in Brocken), Burgundisches Pechharz

Stammpflanze
Picea abies (L.) Karsten, Pinaceae, Kiefergewächse,
    Gemeine Fichte, Rottanne, Harztanne

Andere Namen
Barras, Burgunderharz, Burgundy Pitch, Encens de Thuringue, Gallipot, Gelbharz, Oliban de France, Pityusa, Poix de Bourgogne, Rottannenharz, Waldweihrauch, Wasserharz, Weißes Pech, Weißharz, Wilder Weihrauch

Guayakholz
Guaiacum spp.

Guayak stammt von einem immergrünen, nur bis zu dreizehn Metern hoch wachsenden Baum mit extrem hartem Holz. Alle vier Arten kommen im zirkumkaribischen Raum vor und werden seit Jahrhunderten oder Jahrtausenden von Indianern medizinisch, rituell und technisch verwendet. Die Konquistadoren lernten erstmals den Gebrauch des Holzes von den Indianern der Karibikinsel St. Domingo kennen. Das »Heilige Holz« (Palo Santo) wurde bereits 1508 nach Spanien gebracht. Der Name »Franzosenholz« wurden dem Baum verliehen, als er in der frühen Neuzeit als Heilmittel für die in Europa grassierende Syphilis verwendet wurde. Die Syphilis nannte man damals »Franzosenkrankheit«. Wegen der heilsamen Eigenschaften wurde das Holz auch Lignum Vitae, »Lebensholz«, getauft.
Auf Aztekisch hieß der Baum *chichic patli*. Sein harziges Holz wurde medizinisch genutzt. Das Guayakholz hat bis heute in der indianischen Medizin einen wichtigen Platz als Wurmmittel, als Räucherstoff bei Erkältungen und als Aphrodisiakum behalten. Der Gebrauch des Lignum Vitae als Aphrodisiakum ist weit verbreitet. Das liegt in erster Linie daran, dass das Holz so extrem hart ist. Männer glauben, dass sich die

Der Lebensholzbaum (*Guaiacum sanctum*) gedeiht in den amerikanischen Tropen (zum Beispiel im karibischen Raum).

Der Pockholzbaum *(Guaiacum officinale)* in Blüte. Er heißt so, weil die Europäer mit seinem Holz Geschlechtskrankheiten behandelten, aber nicht heilen konnten.

Härte des Holzes sozusagen sympathiemagisch auf ihr schlaffes Glied übertragen lässt. Auf den Bahamas wird zur Heilung »männlicher Schwäche« ein Tee aus der dem Lebensholz und der harzigen Rinde des Gommalimi-Baumes *(Bursera simaruba)* gekocht (vgl. Copal de Puebla).

In Lateinamerika werden verschiedene Bäume bzw. ihre Hölzer, die als Heilmittel (Rheuma, Geschlechtskrankheiten, Fieber) und/oder als Räucherwerk und/oder als Liebesmittel benutzt werden, volkstümlich Palo Santo, »Heiliger Baum« oder »Heiliges Holz«, genannt.

Anwendung und Rezepte

Traditionell wird Guayakholz als medizinische Räucherung gebraucht. Zerraspeltes Guayakholz ist eine ausgezeichnete Räucherung gegen Insekten!

Räucherung gegen Krankheitsdämonen

Man nehme etwa gleiche Teile von:
Guayakholz
Copal (de Puebla)
Wermut *(Artemisia absinthium)*

Die Zutaten werden zerkleinert und gemischt. Esslöffelweise auf die glühende Holzkohle streuen.

Räucherung zur spirituellen Reinigung *(limpia)*

Man nehme etwa gleiche Teile von:
Guayakholz
Palo Santo
Copal

Die Zutaten werden zerkleinert und gemischt. Esslöffelweise auf die glühende Holzkohle streuen.

Inhaltsstoffe

Das Guayakholz enthält Harze, ätherisches Öl, Saponine, Guajakharzsäure, Guajaksäure, Guajakonsäure, Gummi, Farbstoff (Guajakgelb). Die Guajaksäure hat einen leichten Vanillegeruch. Am harzhaltigsten ist das schwere Kernholz (spezifisches Gewicht von 1,3!) des Stammes. Das Guajakharz (Resina Guajaci) ist eigentlich gelb, oxidiert an der Luft aber leicht und wechselt die Farbe nach Grün oder Bläulich. Das Harz hat stimulierende Eigenschaften. Räucherungen aus Holz oder Harz wirken hustenlindernd. Das fast geruchlose Holz entwickelt beim Erwärmen oder beim Räuchern einen holzig-würzigen, benzoeähnlichen Duft. Das ätherische Öl, bestehend aus Guajol, Bulnesol, Bulnesen, Patchoulin, soll stark euphorisieren. Die Hölzer von *Guaiacum officinale* und *G. sanctum* sind praktisch nicht zu unterscheiden. Sie haben die gleichen Inhaltsstoffe und Wirkungen.

Rohdroge
Guayakholz (Guajacum, Lignum Guajaci, Lignum Vitae, Pockholz)
Guayakharz (Guajakharz, Resina Guajaci, Resina die Guajaco, Resina di legno santo, Résine de gaïac, Franzosenharz); gelbliches Pulver oder braune, leicht grünliche Klumpen

Stammpflanzen
Guaiacum sanctum L.
Guajacum officiniale L. (= *Guaiacum officinale* L.),
Zygophyllaceae, Jochblattgewächse, Franzosen-
holzbaum, Pockholzbaum

Andere Namen
Apothekerguaiak, Bockholz, Bois de Guajac, Bois de vie, Bois saint, Elfenhorn, Franzosenholz, Guaiaco, Guayacán, Guayakved, Heiligenholz, Jamaikaholz, Palo Santo (Bolivien »Heiliges Holz«), Páo santo, Pockenholz, Pockholz, Sanktumholz, Schlangenholz

Guggul
Commiphora mukul

Der kleine strauchartige Guggulbaum (vier bis sechs Meter), der durch Einritzen der Rinde reichlich Harz produziert, ist in den trockenen steinigen Gegenden von Rajasthan, Gujrat, Berar und Mysore in Indien und den pakistanischen Staaten Sind und Baluchistan heimisch. Rajasthan und Gujrat sind allerdings die kommerziellen Zentren der Guggulgewinnung und des Handels.

Guggul ist in Indien, Nepal und Tibet einer der wichtigsten Räucherstoffe für medizinische und spirituelle, aber auch magische Zwecke. Es ist das wichtigste medizinische Harz im Ayurveda, gilt als Verjüngungsmittel und soll das Nervensystem von Toxinen befreien sowie das Gewebe regenerieren lassen. Guggul gilt als Stimulans und Expektorans bei Lungenkrankheiten. In der indischen und pakistanischen Volksmedizin wird der Guggulrauch bei Heuschnupfen, verstopfter Nase, chronischer Laryngitis (Kehlkopf-Schleimhautentzündung), Katarrhen, Bronchitis, Typhus und Phthisis (Schwindelsucht) inhaliert, aber auch gegen Moskitos eingesetzt.

Guggul wird in Indien als Aphrodisiakum geschätzt. In der ayurvedischen Medizin gilt Guggul als *vrsya* = Aphrodisiakum und Rasayana (Verjüngungsmittel);

Guggul heißt das klebrig-ölige Harz des Indischen Myrrhenbaumes *(Commiphora mukul)*. Beim Räuchern verbreitet Guggul einen sehr balsamigen, etwas süßen, fast »sahneartigen« Geruch, der nur entfernt an die nah verwandte Myrrhe erinnert (Kathmandu, Nepal, 2003).

besonders ist das frische, weiche Guggulu *brmhana* nährend und aphrodisierend.

In Indien hat sich Guggul bei der Behandlung von Rheumatismus, neurologischen Krankheiten, syphilitischen Erscheinungen sowie einigen Hautkrankheiten bewährt. Das Harz wird äußerlich aufgetragen und hat bei Hautverletzungen antiseptische Wirkung. Guggul ist ein traditionelles Heilmittel für Geschwüre, Harnprobleme, Hautkrankheiten, Lepra, Tumore, Ödeme, Pickel, Eiterbeulen, Parasitenbefall. Es soll sogar das Haarwachstum anregen!

Es kann auch innerlich eingenommen werden, zum Beispiel in einer alkoholischen Lösung (»Magenbitter«); dann wirkt es entblähend und verdauungsfördernd. Das Harz wird bei Fettleibigkeit eingenommen, um das Körpergewicht zu mindern.

Ein modernes ayurvedisches Medikament auf Basis von Guggul (gereinigtem Harz von *Commiphora mukul*), versetzt mit Gewürzen, Myrobalanen (*Terminalia* spp.) und Rinde der Himalayazeder (Deodar Cedar), wird innerlich eingenommen, um den Cholesterinspiegel zu harmonisieren.

Anwendung und Rezepte

Guggul lässt sich als Räucherstoff genauso wie Myrrhe verwenden. Es passt gut zum Indischen Weihrauch, Adlerholz, Sandelholz, Zimtrinde, Zedernholz und -rinde, Wacholder. Reines Guggul wird im Ayurveda als heilendes und belebendes sowie tonisierendes Räucherwerk verwendet.

Tempelweihrauch (Himalaya)

Man nehme etwa gleiche Teile von:
Guggul
Indischer Weihrauch
Adlerholz

Alle Zutaten werden zerkleinert und gut vermischt. Teelöffelweise auf die Räucherkohle geben.

Inhaltsstoffe

Das bitter schmeckende ölige Guggulharz enthält Resene, Gummi und 0,37 % ätherisches Öl, hauptsächlich bestehend aus Myrcen, Dimyrcen und einigen Polymyrcenen. Im Extrakt des Harzes konnten ein Diterpenkarbonat, ein Diterpen-Alkohol, Z-guggulsteron, E-guggulsterone, Guggusterol-1, Guggusterol II und II, sowie Sesamin und Cholesterol nachgewiesen werden. Das ölige Harz hat entzündungshemmende, antirheumatische und Hypocholesterinanämie-regulierende Wirkungen.

Rohdroge

Harz (Resina Guggula, Myrrha india)

Die dunkelbraune, oft schwärzliche, klumpige Masse ist im frischen Zustand ölig und klebrig und fast frei von Pflanzenfasern.

Stammpflanze

Commiphora mukul (Hook. ex Stocks) Engl., Guggul, Indisches Bdellium
syn. *Balsamodendron mukul* Hook. ex. Stocks; *Commiphora roxburghii* (Stocks) Engl.

Andere Namen

Balsamo, Bdellium, Devadhupa, Devadhupa vriksha, Dhurtta, Gokul Dhoopa, Gu-gul Nagpo (tibetisch), Gugal (Hindi), Guggul-Myrrhe, Guggula (Hindi), Guggulu (Sanskrit), Indische Myrrhe, Indisches Bdellium, Jatayu, Kalaniryasa, Kausika, Latvaka (Sanskrit), Mahisaksa, Palankasa, Pura, Shiva

Indischer Weihrauch

Boswellia serrata

Der Indische Weihrauchbaum ist schon seit etwa dreihundert Jahren v. Chr. bekannt. Er ähnelt dem Echten Weihrauchbaum und liefert ein ähnlich aussehendes, riechendes und wirkendes Harz.

Seit vedischer Zeit wird Salai-Guggul zum Vertreiben niederträchtiger Geister geräuchert, deshalb sein Sanskritname *Devadhupa*, »Weihrauch der Götter«. Ursprünglich wurde dieses Harz im Feuer verbrannt; es schmilzt in der Sonne und ergibt eine milchige Emulsion, wenn es in heißem Wasser verquirlt wird; es wurde nur für religiöse Zeremonien benutzt. In den ältesten hinduistischen Ritualanweisungen wird es erwähnt. Traditionell wurde es von indischen Jungfrauen rituell geräuchert, um sich die Liebe eines Mannes zu sichern.

Das Harz des Indischen Weihrauchbaumes wird zusammen mit weißem Sandelholz als Räucherung für

Der Indische Weihrauch (Gugal, Salai dhupa, Indian Loban) stammt von dem Indischen Weihrauchbaum *(Boswellia serrata)*. Das Harz kommt oft in verklumpten Stücken in den Handel (Kathmandu, Nepal, 2002).

den Schamanengott und Yogameister Shiva dargebracht. Der Indische Weihrauch symbolisiert die »Pfosten der Hochzeit«, reinigt den feinstofflichen Körper, die Chakren, und wirkt bewusstseinserweiternd, weil es die Tore zu anderen, »höheren« Ebenen öffnet. Sein Rauch reinigt die »Pforten der Wahrnehmung«.

Sein Rauch, oder schon der Duft, soll empfängnisfördernd sein und das Herzchakra öffnen. Die Sufis halten Weihrauch für »ein sehr machtvolles Reinigungsmittel für die Aura und die psychischen Ebenen« (MOINUDDIN). Der Indische Weihrauch entfaltet beim Räuchern einen sehr ähnlichen Duft wie das arabische und afrikanische Olibanum, ist aber etwas frischer und weniger aufdringlich.

Der Indische Weihrauch wird nicht nur rituell verwendet, sondern auch als Heilmittel bei Husten, Bronchitis, Erkältungen, Epilepsie, Lungenentzündung, Skorpionsstich, Magenverstimmung, Zahnschmerzen, Wunden, Geschwüren, Fieber offenbar erfolgreich eingesetzt. Er dient der Behandlung von Entzündungen, arthritischen Leiden, akuten chronischen rheumatischen Beschwerden.

Im Ayurveda wird das Harz gegen übermäßiges Schwitzen, Vergrößerung der Lymphknoten, Fieber, tuberkulöse Restherde, Wucherungen der Binde-

Der Indische Weihrauchbaum *(Boswellia serrata)* in Blüte. Sein Harz dient seit alters her als ritueller Weihrauch und als ayurvedisches Heilmittel bei Rheuma (kolorierter Stahlstich, 19. Jahrhundert).

haut, Krebs, Tumoren, veraltete Geschwüre, Verhärtungen, Nasenpolypen, Leber- und Abdominaltumoren, Lungenerkrankungen, Epilepsie, Hautausschläge, Schürfwunden, Magenbeschwerden, Erkältungen und Durchfall verwendet.

Das Harz wird, mit anderen Drogen vermischt, zur Behandlung von Schlangenbissen und Skorpionstichen benutzt. Sonst zur »Blutreinigung« gegen Dysenterie (Ruhr), Hautkrankheiten, Geschwüre.

Neuerdings wird in der westlichen Medizin und Phytotherapie ein Extrakt aus *Boswellia serrata* (H 15) erfolgreich zur Behandlung von rheumatischer Arthritis eingesetzt. Das Medikament H 15™ (auch H15-Ayurmedica oder Sallaki genannt) ist ein standardisierter Extrakt aus dem Gummiharz von *Boswellia serrata*. Eine Tablette enthält 400 mg des getrockneten lipophilen Extraktes (Tagesdosis 1200 mg).

Anwendung und Rezepte

Der Indische Weihrauch lässt sich gut alleine räuchern. Er kann anstelle von Olibanum benutzt werden.

Schamanisches Räucherwerk (Südostasien)

Man nehme folgende Zutaten:
2 Teile Indischer Weihrauch
1 Teil Adlerholz
1 Teil Stechapfelsamen (*Datura* sp.)

Alle Zutaten werden pulverisiert und vermischt. Teelöffelweise auf die glühende Holzkohle streuen und tief inhalieren. Achtung: kann psychoaktiv wirken!

Räucherwerk zur Reinigung (Himalaya)

Man nehme etwa gleiche Teile von:
Indischer Weihrauch
Guggul
Wacholderzweige (*Juniperus recurva*)
Weißes Sandelholz
Zedernholz (*Cedrus deodara*)

Die Zutaten werden zerkleinert und gemischt. Esslöffelweise auf die glühende Holzkohle streuen.

Inhaltsstoffe
Der Indische Weihrauch ist terpentinhaltig und besonders reich an Boswelliasäuren und Tirucallensäuren. Die Boswelliasäuren hemmen die Biosynthese von entzündungsfördernd und bronchospastisch wirkenden Leukotrinen (5-Lipoxygenase wird gehemmt). Deshalb kann der Indische Weihrauch bei der Therapie von Entzündungen und Tumoren nützlich sein.

Rohdroge
Harz (Resina Olibani indii, Salai Guggal)
Rinde (Sallaki, Shallaki auf Sanskrit; etymologisch mit *shallaka*, »Stachelschwein«, verwandt; Boswellia-serrata-Rinde)

Stammpflanze
Boswellia serrata Roxb., Burseraceae, Indischer Weihrauchbaum, Salaibaum, Sallikaniryasa, Salphalbaum
syn. *Boswellia thurifera* Colebr., *Boswellia glabra* Roxb., *Canarium balsamiferum* Willd.

Andere Namen
Devadhupa (Sanskrit »Weihrauch der Götter«), Gugal, Guggul, Guggul »Himalaya«, Indian Loban, Leban, Lobhan (Hindi), Luban, Moca rasa (Sanskrit), Mocha-rasa, Nepali Loban, Salai Guggal, Sal, Sal dhupa, Salai, Salai dhupa, Salakhi (Sanskrit), Salar, Salga

Jatoba
Hymenaea courbaril

Der Heuschreckenbaum ist in den Tropen Latein-
amerikas von Mexiko bis Brasilien verbreitet. Er ist
ein gewaltiger Dschungelriese, der bei Verletzungen
der Rinde ungeheure Mengen Harz absondert.

Unter dem Namen Kopal wird dieses Harz im Si-
bundoy-Tal (Kolumbien) als ritueller Räucherstoff
von Schamanen und Mestizos benutzt. Dort ist das
Harz als Kirchenweihrauch zugelassen und genutzt.
Jatoba gehört auch zu den Räucherstoffen, die gerne
bei Ayahuascaritualen, ganz ähnlich wie Breuzinho,
verwendet werden.

Die alten Inka und die modernen Quechua benutzen
das Jatoba- oder Copalharz als rituelle »Speisung von
Mutter Erde«. Dazu wird das Harz mit Cocablättern
an einem heiligen Ort, zum Beispiel einer Ruine, am
Ufer eines heiligen Sees oder an einem Kraftplatz verbrannt. Diese Mischung aus Cocablättern und Jatoba
bzw. Copalharzen *(copales)* wird rituell zum Divinie-
ren und Opfern sowie medizinisch geräuchert.

Der bolivianische Copalweihrauch wird von den Cal-
lawayas, den Wanderärzten der Anden, medizinisch
bei Kopfschmerzen inhaliert. Soll auch gegen Schlangenbisse helfen.

Jatoba wird auch innerlich als Medizin eingenommen.
Die Rinde von *Hymenaea courbaril* gehört zu den *siete
raizes*, »Sieben Wurzeln«, der Shipibo-Indianer, die
im peruanischen Amazonasgebiet leben. *Siete raizes*
sind Mischungen aus sieben Hölzern, Rinden oder

»Copal La Paz« (Bolivien) auf Cocablättern, mit denen er
zusammen bei Opfern an die Mutter Erde geräuchert
wird. Dieses rituelle Räucherwerk wird bei schamanischen
Divinationen benutzt.

Wurzeln von Dschungelbäumen, die sowohl einzeln
als auch kombiniert hochwirksame Heilmittel liefern.
Die sieben Rohdrogen werden mit hochprozentigem
Schnaps angesetzt und mit Honig gesüßt. Sie dienen
der allgemeinen Gesunderhaltung, der Kräftigung
und Stärkung des Körpers; sie sind berühmte Tonika
und Aphrodisiaka.

Der Chiapanekische Bernstein aus Mexiko ist das
fossile Harz von *Hymenaea* spp., wahrscheinlich von
Hymenaea courbaril L., aus dem Miozän, zirka fünf-
undzwanzig Millionen Jahre alt. Er ist dem rezenten
Harz zum Verwechseln ähnlich.

Das Harz vom Heuschreckenbaum
(Hymenaea courbaril) wird in Lateinamerika Jatoba oder Copal genannt.

Anwendung und Rezepte

Jatoba wird meist alleine geräuchert. Es ist eine beliebte Räucherung für schamanische Rituale (Ayahuascazeremonien, Divinationen, Opferungen).

Orakelräucherung (Peru)

Man nehme etwa gleiche Teile von:
Jatoba
Cocablätter

Das grob zerkleinerte Harz wird mit den Cocablättern vermischt. In großen Gaben auf die glühende Räucherkohle geben. Achtung: Cocablätter sind nur in Peru, Bolivien, Kolumbien und Nordwestargentinien legal!

Inhaltsstoffe
Die Gattung *Hymenaea* enthält Terpene und Phenole, die zum Teil fungizide Wirkungen haben. Courbaril enthält Sesquiterpene und diterpene Harzsäuren.

Rohdroge
Harz (Resina Copal, Succinum indicum, Kopalharz; Handelsnamen: Amerikanischer Kopal, Courbaril, Resina Anime), gelb-orangefarbenes Gummiharz

Stammpflanze
Hymenaea courbaril L., Caesalpiniaceae (Leguminosae), Heuschreckenbaum, Brasilianischer Heuschreckenbaum, Locust tree, Kerosene Tree

Andere Namen
Amerikanischer Copal, Animeharz, Azucar huayo (Peru), Brasil-Kopal, Columbia-Kopal, Copal, Copal amarillo (»Gelber Copal«), Courbarilkopal, Cuapinol, Demarara-Kopal, Heuschreckenbaumharz, Himenaea, Incienso (spanisch »Weihrauch«), Itaiba (Chiriguano), Jatobá, Jutaí, Koki, Kopal, Oripiaquios (Chiquitano), Paquió (Bolivien), Tarapa-i-pitan (Ka'apor)

Mastix
Pistacia lentiscus

Mastix ist das Harz aus der Rinde des bis zu fünf Meter hohen, immergrünen Schinos- oder Mastixbaumes, der im Altertum gut bekannt war und wegen seiner medizinischen Eigenschaften geschätzt wurde. Der Harzlieferant kommt in Griechenland, im Mittelmeerraum und auf den Kanaren vor. Aber die besten Mastixbäume wachsen auf der griechischen Insel Chios (Skio), wo sie seit dem Altertum in Plantagen gepflegt werden. Von Chios soll aber nicht nur der heilsame, ehrwürdige Mastix nach Griechenland gekommen sein, sondern auch der unwürdige Menschenhandel und die grausame Leibeigenschaft. Allerdings gilt Chios ebenfalls als der Geburtsort des Homer (8. Jahrhundert v. Chr.).

Mastix wurde im gleichen Maße von Chios nach Ägypten gehandelt wie umgekehrt der Weihrauch aus Punt (irgendwo zwischen Äthiopien und Sudan gelegen). Es bestand schon im Altertum (5. Jahrhundert v. Chr.) eine starke Beziehung zwischen der Hauptstadt von Chios und Sana'a, der Hauptstadt des Jemen. Beide waren Handelszentren für kostbares Räucherwerk und Stätten kultureller Begegnung. Noch heute weisen die Hausfassaden beider Städte eine verblüffende grafische Ähnlichkeit auf.

Mastix war eine beliebte Zutat von Liebesräucherungen. So ist ein Rezept aus dem 7. Jahrhundert n. Chr.

Mastixharz aus Chios, Griechenland. Mastix ist ein hellgelbes, durchsichtiges, relativ hartes tropfenförmiges Harz, das durch Einschneiden der Rinde gewonnen wird. Das Chios-Mastix ist bis heute offizinell (Apothekerdroge).

Anacardiaceae

Der Mastixbaum *(Pistacia lentiscus)* in einer botanischen Darstellung (aus: *Köhler's Medizinal-Pflanzen*, Gera, 1887).

Pistacia Lentiscus L.

für ein arabisches Aphrodisiakum überliefert: »Zerstoße Mastixfrüchte *(Pistacia lentiscus)*, mische dann das Pulver mit Öl und Honig, dessen Schaum entfernt wurde. Dann wirst du stark für das Liebeswerk sein, und es wird sich auch reichlich Samen bei dir bilden.« Im europäischen Okkultismus wurde Mastix der Sonne zugeordnet und zur Erweckung des »Zweiten Gesichtes« sowie zur Geisterbeschwörung geräuchert. Beim Räuchern verdampft Mastix mit einer weißen Rauchentwicklung und verströmt einen angenehmen harzigen, aber keinesfalls süßlichen Duft, der an Weihrauch erinnert.

Anwendung und Rezepte

Mastix ist eine beliebte Zutat zu magischen und religiösen Räuchermischungen, die aus Harzen, Kräutern und ätherischen Ölen komponiert werden. Als Einzelräucherwerk kommt es fast nie zur Anwendung.

Räucherwerk zur Divination

Im englischen Okkultismus wird eine Räucherung nach folgendem Rezept verwendet:
4 Teelöffel Mastix
3 Teelöffel Beifußkraut *(Artemisia vulgaris)*
1 Teelöffel Fünffingerkraut *(Agrimonia eupatoria)*
1 Tropfen Patchouliöl
1 Tropfen Sandelholzöl

Die zerkleinerten Kräuter mit dem Mastix zusammen im Mörser zermahlen und das Pulver mit den Ölen verbinden. In kleinen Brocken auf die Räucherkohle geben.

Mastixharz und verschiedene griechische Mastixprodukte (Naxos, Griechenland, 2002). Mastix wird gerne als Bio-Natur-Kaugummi, u.a. zur Verbesserung des Mundgeruchs, gekaut.

Mastix spielt als Duftstoff in der griechisch-orthodoxen Kirche eine wichtige Rolle. Es wird für die Altarweihung zu »Wachsmastix« verarbeitet.

Wachsmastix

Man nehme folgende Zutaten:
4 Teile Mastix
2 Teile Myrrhe
2 Teile Fichtenharz
2 Teile Olibanum
1 Teil Adlerholz
1 Teil Thymian
Dazu die gleiche Menge: Weißes Bienenwachs

Zuerst werden die Harze pulverisiert, das Adlerholz und das Thymiankraut zermahlen. Alles wird vermischt und mit dem Bienenwachs verknetet. In kleinen Kugeln auf die Räucherkohle geben.

Inhaltsstoffe
Mastix besteht aus alkohollöslichen und -unlöslichen Harzsubstanzen (α-Masticoresen, β-Masticoresen), freien Harzsäuren (Masticin-, Masticol-, Masticonsäuren), ätherischem Öl (hauptsächlich δ-α-Pinen) und Bitterstoffen.

Rohdroge
Mastix (Mastix electus, Resina Mastix)
Wintermastix: Kokkolyi

Stammpflanze
Pistacia lentiscus L., Anacardiaceae, Sumachgewächse, Mastix-Pistazie
syn. *Terebinthus lentiscus* (L.) MOENCH

Andere Namen
Lentisco-Saft, Mastic, Mastic Resin, Mastixharz, Résìne de mastic, Schinine, Schinos

Da echtes Mastixharz recht teuer ist, wird die Handelsware oft mit Sandarak gestreckt oder gefälscht. Sandarak oder Gummi Sandaracae ist das Harz einer nordafrikanischen Zypresse, *Tetraclinis articulata* (VAHL) MAST, syn. *Thuja articularis* VAHL oder *Callitris quadrivalvis* VENT., Cupressaceae. Die Sandaraktropfen sind geruchlich, farblich und von der Konsistenz her nicht von Mastix zu unterscheiden. Allerdings sind sie nicht rund, sondern eher länglich. Die sicherste Methode zur Unterscheidung ist die Kauprobe. Dazu wird ein Stück in den Mund genommen und durch die Körpertemperatur angewärmt; lässt sich das Harz dann wie Kaugummi zerkauen, handelt es sich um echtes Mastix; zersplittert die Probe beim Kauen, handelt es sich um Sandarak.

Myrrhe

Commiphora spp.

Der Myrrhenbaum ist eigentlich ein Strauch, der in mehrere Arten aufgeteilt ist: Im nördlichen Abessinien und Südarabien wächst *Commiphora abyssinica* und in Somalia ist *Commiphora molmol* verbreitet. Der Indische Myrrhenbaum *(Commiphora mukul)*, der Guggul liefert, ist in Indien heimisch.

Das Harz der Myrrhenbäume heißt schlicht Myrrhe. Die Myrrhe gehört seit dem Altertum zu den bedeutendsten Zutaten zu heiligem oder aphrodisischem Räucherwerk, wird aber auch innerlich in verschiedenen Zubereitungen als Aphrodisiakum sowie als Liebeszauber benutzt. Myrrhe, Gold und Olibanum

Myrrhe (Resin) aus dem Devotionalienhandel. Das Myrrhenharz wird durch Einschnitte im lebenden Baum gewonnen.

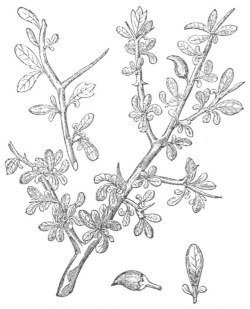

Botanische Zeichnung des Myrrhenbaums *(Commiphora molmol)* (aus: Jonathan Pereira, *De Beginselen der Materia Medica en der Therapie*, nach der zweiten engl. Aufl. von L.C.E.E. Fock, Ammersfort: W. J. van Bommel van Vloten, 1849).

waren die kostbarsten Gaben morgenländischer Magier! Die Mohammedaner halten Myrrhe für heilig und glauben, dass sie aus Mekka stammt!

Die Myrrhe wurde bereits von den Assyrern als Räucherstoff benutzt und *murru* genannt. Sie war dann auch im Kultus der Hebräer von großer Bedeutung. Sie war Bestandteil der heiligen Salbung (Exodus 30 : 23–24) und des heiligen Weihrauchs (Exodus 30 : 34). Das Harz war ein Symbol für das Mitleiden. Die Assyrer nannten vor über dreitausend Jahren den Weihrauch ganz allgemein »Duft der Götter«.

Die Myrrhe war eine der Gaben, die die morgenländischen *magoi* (Magier) – wir kennen sie heute als die »Heiligen Drei Könige« – zusammen mit Weihrauch (Olibanum) und Gold dem Jesuskind darbrachten.

Die Myrrhe beziehungsweise verschiedene Myrrhearten waren im Altertum neben Olibanum die wichtigsten Räucherstoffe, die auch in der antiken Medizin reichlich angewendet wurden. Myrrhe war im alten Persien das Symbol oder Zeichen der Heilkunst.

Die Symbolik der Gaben der Magier *(magoi)*

Gold	König	Weltmacht	Irdisches Reich	Politik
Weihrauch	Gott	Religion	Himmelreich	Kirche
Myrrhe	Tod	Medizin	Totenreich	Akademie

Die Myrrhe war im alten Ägypten von besonderer Bedeutung für die Einbalsamierung von Mumien. Die Myrrhe war aber nicht nur wichtig, um den toten Körper auf die Ewigkeit vorzubereiten, sie diente auch dazu, den Körper einer Frau auf die Lust einzustimmen. Sie gehörte zu den Ingredienzien des legendären *kyphi* (altägyptisch »Weihrauch«), zusammmen mit Olibanum, Wacholder, Wein und Gewürzen.

Also ist die Kombination von Myrrhe und Olibanum als Grundlage von Räucherungen bereits für pharaonische Zeiten belegt; ebenso die Kombination von Weihrauch und Wacholder. Diese Tradition hat sich bis heute im Räucherwerk für die Rauhnächte erhalten!

Denn: Myrrhe »vertreibt von dir die Trugbilder und magischen Künste und Anrufungen der Dämonen auf schlimme Worte und die Zauberkräfte der Kräuter, so dass sie dir weniger schaden können, sofern du Magisches weder gegessen noch getrunken hast« (HILDEGARD VON BINGEN, *Physica*, 1–176).

Die Echte Myrrhe war – neben Guggul – auch im alten Indien bekannt; dorthin gelangte sie über die traditionellen Handelswege. Im Sanskrit heißt sie bis heute *rasagandha*, abgeleitet von *rasa* = Essenz/Lebenssaft und *gandha* = Duft: »Duftende Essenz«. Im Ayurveda, der indischen Heilkunst, gilt die Myrrhe als Förderer des Intellekts; sie heilt Blutungen, *grahaa* oder »Planetenkrankheiten«, übermäßiges Schwitzen, Fieber, Epilepsie, Hauterkrankungen inklusive Lepra.

Dreikönigsweihrauch (bunte Mischung aus Olibanum, Myrrhe u. a.). Auf Weihnachtsmärkten wird gelegentlich ein »Dreikönigsweihrauch« angeboten (Beleg vom 13.12.03, Sankt Wolfgang, Bayern).

Anwendung und Rezepte

Myrrhe wird fast immer vermischt mit anderen Harzen, vor allem mit Olibanum und Mastix, und/oder Gewürzen (Zimt, Safran, Lorbeer, Muskat) und Kräutern (Taumellolch, Steppenraute, Wacholder) geräuchert.

Orakelräucherwerk (Antike)

Man nehme folgende Zutaten:
3 Teile Myrrhe
1 Teil Bilsenkrautsamen *(Hyoscyamus albus)*
1½ Teile Lorbeerblätter

Die zerstampfte Myrrhe wird mit den Bilsenkrautsamen und den fein zerkleinerten Lorbeerblättern vermischt und geknetet. Teelöffelweise auf die glühende Räucherkohle geben. Achtung: Bei starker Inhalation großer Mengen kann es zu Bewusstseinsveränderungen (Erscheinungen) kommen!

Morgenländischer Zauberrauch

Man nehme etwa gleiche Teile von:
Olibanum
Myrrhe
Harmalsamen (Samen der Steppenraute *Peganum harmala*)

Alle Zutaten werden pulverisiert und vermischt. Teelöffelweise auf die Räucherkohle streuen.

Biblisches Räucherwerk zur Beduftung von Körper und Kleidung

Man nehme folgende Zutaten:
2 Teile Myrrhe *(Commiphora abyssinica)*
1 Teil Adlerholz *(Aquilaria agallocha)*
1 Teil Kassienzimt *(Cinnamomum cassia)*

Die Zutaten werden pulverisiert und gut gemischt. In kleinen Gaben auf die Räucherkohle streuen.
Dass Räuchergefäß wird auf den Boden gestellt. Die zu beräuchernde Person stellt sich breitbeinig darüber.

Inhaltsstoffe

Myrrhe enthält 3–10% ätherisches Öl, hauptsächlich bestehend aus Sesquiterpenen (Furanosesquiterpene vom Germacran-, Eleman-, Eudesman- und Guajantyp, β- und δ-Elemen, β-Bourbonen, β-Caryophyllen, Humolen, Elemol), 20–40% Harz, Schleim, Kohlenhydrate (Galaktose, 4-O-Methylglucuronsäure, Arabinose) und Gummi.

Rohdroge

Myrrhe (Myrrha, Gummi Myrrha, Gummi-resina Myrrha)

Stammpflanzen

Commiphora molmol ENGL., Burseraceae, Balsambaumgewächse, Echter Myrrhenbaum, Mirreboom, Somalia-Myrrhe
  syn. *Commiphora myrrha* (NEES) ENGL. var. *molmol* ENGL., *Balsamodendron myrrha* NEES, *Balsamea myrrha* ENGL.
Commiphora abyssinica ENGL., Abessinische Myrrhe

Andere Namen

Anti shu (altägyptisch), Bal, Barbara, Bola (Sanskrit), Cala, Echte Myrrhe, Gandhakara, Jati-rasa (Sanskrit »Jasmin-Essenz«), Karan, Mirra (spanisch), Mirre (holländisch), Mu Yao (chinesisch), Myrrh, Myrrha, Myrrha vera, Myrrhe onguiculée, Myrrhengummi, Nalika, Nirloha, Paura, Pinda, Rasa, Rasagandha, Rote Myrrhe, Smyrna (griechisch), Somalia-Myrrhe, Sugandhi

Olibanum

Boswellia spp.

Olibanum ist der Name des Harzes vom Echten Weihrauchbaum, botanisch *Boswellia sacra* aus der Familie Weihrauchgewächse oder Balsamstrauchgewächse, sowie weniger nah verwandter Arten.

Olibanum, der Echte Weihrauch, ist das goldgelbe, wohlduftende Harz der strauchartigen Weihrauchbäume, die in großen Wäldern (»Balsamgärten«), am Roten Meer, vor allem in Arabien (das antike Weihrauchland Sa'kalan) und Somalia (dem sagenhaften Lande Punt) gedeihen. Olibanum wird dort seit mindestens viertausend Jahren durch Einschneiden der Rinde gewonnen. Es war im Altertum das begehrteste Räucherharz und wurde über die berühmte »Weihrauchstraße«, wohl der wichtigste Handelsweg der Antike, zwischen Ägypten und Indien transportiert. Die geheimnisumwobenen Weihrauchgärten der Antike werden von geflügelten Schlangen bewacht, berichtete der griechische Geschichtsschreiber Herodot (um 484–425 v. Chr.).

Olibanum war im Altertum für die Assyrer, Hebräer, Araber, Ägypter und Griechen das kultisch und ökonomisch wichtigste Räucherwerk. Bei allen Zeremonien wurde das Harz geräuchert und den Göttern

Olibanum: Weihrauchtränen (die »Tränen der Bäume«) und Harzklumpen vom arabischen Weihrauchbaum (*Boswellia sacra*). Olibanum, der »Schweiß der Götter«, ist ein bedeutendes Räucherwerk und Zutat vieler aphrodisischer Zubereitungen. Die Araberinnen benutzen bis heute Olibanumräucherungen zum Parfümieren des Körpers, vor allem der Vulva. Dadurch sollen sie nicht nur besser duften, sondern auch erotischer wirken.

Olibanumharzklumpen vom Heiligen Weihrauchbaum *(Boswellia sacra)*. Olibanum ist der bedeutendste Räucherstoff der Alten Welt. Olibanumharze wurden seit der Antike zur Herstellung von Räucherwerk, Kosmetika und Parfümen benutzt.

geopfert. Es wurde bei den Assyrern speziell für Ischtar, die Himmelskönigin; für Adonis, den Gott der wiederauferstehenden Natur; und für Bel, den assyrischen Hochgott entzündet. Die assyrischen Könige, die gleichzeitig Hohepriester waren, opferten das Olibanum dem Baum des Lebens, der beim Beräuchern mit Wein besprenkelt wurde. Die heidnischen, prämoslemischen Araber weihten ihn ihrem Sonnengott Sabis; der gesamte Vorrat musste im Tempel der Sonne aufbewahrt werden. Bei den Hebräern war Olibanum einer der Bestandteile des Heiligen Weihrauchs und ein Symbol der Göttlichkeit. Es wurde in der Bibel als heiliger Räucherstoff, Tribut und Handelsgut beschrieben. Später wurde es zum wichtigsten Räucherstoff der katholischen Kirche. In Mitteleuropa war das Olibanumharz hauptsächlich durch die katholische Kirche bekannt geworden. Zur Zeit von Karl dem Großen wurde es nicht nur bei Gottesdiensten, sondern auch bei den damals üblichen »Gottesgerichten« geräuchert.

Ägyptische und griechische Magier der Spätantike beschworen mit dem Rauch die Daimonen, die Zwischenwesen, welche sie sich dienstbar machen wollten. In Ägypten wurde der Weihrauchbaum dem Ammon (Amun) von Theben geweiht. Weihrauch war der Göttin Hathor, der »Herrin der Trunkenheit« heilig. Auch bei den Römern gab es keine Zeremonie, keinen Triumphzug, keine öffentliche oder private Feier, bei der nicht das wohlriechende Harz geräuchert wurde. Vom Olibanum hieß es, dass es »Gott erkennen lässt«. Das Weihrauch-Manna war dem Sonnen- und Orakelgott Apollon heilig. Weihrauch war im Kult der Aphrodite bedeutend. Durch Weihrauchopfer sollte die Göttin veranlassen, dass die heiligen Hetären oder Tempeldienerinnen ausreichend Kundschaft bekamen. In Äthiopien wird Olibanum heute noch zur »Kontrolle böser Geister« geräuchert. Ähnliche Praktiken sind auch im Schweizer Volkstum erhalten geblieben (»Räuchlipfanne«). Aus diesem Grund wird Olibanum bis heute für Rauhnächteräucherungen benutzt (zusammen mit Wacholder).

Olibanum Eritrea, Weihrauchtränen vom äthiopischen Weihrauchbaum *(Boswellia papyrifera)*.

Im heutigen Griechenland heißt der importierte Olibanum *libani*. Früher, im alten Griechenland, wurde Olibanum bereits in großen Mengen für die heidnischen Tempel und Kulte aus Arabien eingeführt. Heute dient er dem Sakralweihrauch der griechisch-orthodoxen Kirche (Probe, erworben auf Naxos, 2002).

Weihrauch-Rausch?

Seit der frühen Neuzeit werden dem Olibanum psychoaktive Wirkungen zugeschrieben. Zu diesem Zweck wurde Olibanum nicht nur im Osmanischen Reich und Arabien (oft in Verbindung mit Opium) geschluckt, geräuchert oder geraucht, sondern auch in Europa.

Dem Olibanum sowie dem Kirchenweihrauch wurden schon früh berauschende, euphorisierende und stimmungsaufhellende Wirkungen nachgesagt. Im *Universallexikon* von 1733–1754 heißt es, »er stärket das Haupt, Vernunft und Sinne jedoch aber, wenn er überflüßig gebrauchet würde, so erweckt er dem Haupte Wehetage, und ist der Vernunft abbrüchig, sonsten reiniget er das Geblüte, stärcket das Hertz, benimmt die Traurigkeit, und machte das Geblüte frölich«.

Bis heute sind immer wieder Fälle von »Olibanumsucht« beobachtet und in der toxikologischen Literatur beschrieben worden. Die berauschende Wirkung des Olibanum hat in vergangenen Zeiten sicherlich viele Menschen in die Kirchen gezogen.

Anwendung und Rezepte

Olibanum in feiner Qualität gehört zu den kostbarsten Räucherstoffen und wird gerne alleine geräuchert. Olibanum ist die Grundlage zahlloser Rezepte für rituelle und religiöse Räucherungen (Kyphi, Kirchenweihrauch). Dazu wird es meist mit Myrrhe, Mastix und Benzoe kombiniert. Olibanum wird für magisches Räucherwerk oft mit Gewürzen (Koriander, Thymian, Rosmarin, Zimt), Hölzern (Zeder, Wacholderholz, Zypressenholz) und Kräutern (Lorbeer, Wacholder, Baldrian, Schwarzkümmel, Steppenraute) gemischt.

Apollonräucherung

Man nehme folgende Zutaten:
4 Teile Olibanum
2 Teile Myrrhe
2 Teile Zimt oder Zimtkassienrinde
1 Teil Lorbeerblätter

Alle Zutaten werden zerkleinert und vermischt. Löffelweise auf die Räucherkohle streuen.

Schutzräucherung

Man nehme folgende Zutaten:
2 Teile Olibanum
1 Teil Lorbeerblätter
1 Teil Thymian

Die Zutaten werden fein zerkleinert und gut vermischt. Esslöffelweise auf reichlich glühende Holzkohle streuen.

Dreikönigsräucherung

Man nehme folgende Zutaten:
3 Teile Olibanum
2 Teile Myrrhe
1 Teil Storax (Styrax), flüssig
1 Teil Zimt- oder Zimtkassienrinde
1 Teil Sternanis

Olibanum, Myrrhe, Zimt und Sternanis werden zermörsert. Das Pulvergemisch wird mit dem klebrigen Storax vermischt und durchknetet. Die Masse wird in kleinen Gaben auf die Räucherkohle gebracht. Der Geruch breitet sich langsam aus: süß, warm, würzig.

Räucherung zur Reinigung von Orten

Rezeptur nach der *Okkulten Botanik* von Sédir (Pseudonym für Yvon de Loup, 1871–1926).

Man nehme folgende Zutaten:
3 Teile Olibanum
2 Teile Erdrauch *(Fumaria officinalis)*
⅛ Teil Kampfer (möglichst natur!)

Alle Zutaten werden zerkleinert und gemischt. Nach und nach auf die Räucherkohle streuen.

Walpurgisräucherung

Man nehme folgende Zutaten:
3 Teile Olibanum Aden
1 Teil Myrrhe
1 Teil Bilsenkrautblätter *(Hyoscyamus niger)*
1½ Teile Eibennadeln *(Taxus baccata)*
⅛ Teil festes Styraxharz oder Styrax, körnig

Alle Zutaten werden im Mörser zerstoßen und gut vermischt. Teelöffelweise auf die glühende Holzkohle streuen. Bei Hexensabbaten sehr geschätzt!

Inhaltsstoffe

Alle Olibanumsorten bestehen aus 53% Harz ($C_{30} H_{32} O_4$), Gummi, Boswelliasäuren, Bitterstoffen und Schleim. Olibanum enthält 5–10% ätherisches Öl bestehend aus Pinen, Limonen, Candinen, Camphen, π-Cymen, Borneol, Verbenon, Verbenol, Dipenten, Phellandren, Olibanol u.a. Das ätherische Öl aus Bejo (Olibanum aus Somalia): 19% a-Thujen, 75% α-Pinen, 9% Sabinen, 3,5% π-Cymen, 8% Limonen, 5% β-Caryophyllene, 7% α-Muurolene, 3,5% Caryophyllenoxid, 0,5% unbekannte Substanzen. Das Öl aus Olibanum Eritrea besteht zu zirka 52% aus Octylacetat, das aus Olibanum Aden wird durch etwa 43% α-Pinen charakterisiert.

Rohdroge
Harz (Olibanum, Somalia-Olibanum, Aden-Olibanum, Bibel-Weihrauch, Arabisches Olibanum, Gummi, Gummiresina Olibanum)

Stammpflanzen
Boswellia spp., Burseraceae, Balsamstrauchgewächse
Boswellia sacra FLÜCKIGER, Arabisches Olibanum, Somalia-Olibanum, Aden-Olibanum, Bibel-Weihrauch
  syn. *Boswellia carteri* BIRDW., *B. bhau-dajiana* BIRDW., *B. thurifera* sensu CARTER
Boswellia papyrifera (DEL.) HOCHST., Äthiopisches Olibanum, Erythrea-Olibanum
  syn. *Amyris papyrifera* GAILL. ex DEL.

Andere Namen
Ana, Bayu, Beyo, Djau der, Echter Weihrauch, Encens, Frankincense, Gum Thus, Incense, Incenso (italienisch), Incienso (spanisch), Kadidlo (böhmisch), Kirchenharz, Kirchenrauch, Kirchenweihrauch, Kundara (persisch), Kundur (persisch), Lebona (hebräisch), Libani (neugriechisch), Libanos, Libanotis (griechisch), Loban, Lubân, Luban, Maghrayt d'scheehaz (arabisch), Mohr (Somali), Mohr madow, Mohr meddu, Neter sonter (ägyptisch), Oliban, Olibano (italienisch), Olibanum (römisch), Rökelse (schwedisch), Seta kundura (Hindi), Thus, Tömjén (ungarisch), Tus, Virak (dänisch), Weihrauch, Weißer Wirk, Weyrauch, Wierook (holländisch)

Der heilige Lorbeerbaum *(Laurus nobilis)* am Apollontempel von Delphi (Griechenland). Seine Blätter und Hölzer werden oft mit Harzen wie Olibanum, Mastix und Myrrhe gemischt.

Palo Santo
Bursera spp.

In Lateinamerika werden verschiedene Bäume bzw. ihre Hölzer, die als Heilmittel (Rheuma, Geschlechtskrankheiten, Fieber) und/oder als Räucherwerk und/oder als Liebesmittel benutzt werden, volkstümlich Palo Santo, »Heiliger Baum« oder »Heiliges Holz«, genannt.

All diese heiligen Hölzer stammten von Bäumen, die auch für die Indianer heilig waren bzw. heute noch sind, nicht nur weil sie gute Arzneien liefern, sondern auch rituell im Schamanismus und bei religiösen Festen als Räucherwerk dienten, sowie als Aphrodisiaka und Liebeszauber benutzt werden können.

In Südamerika (Ecuador, Bolivien und Peru) wird der Name Palo Santo gewöhnlich einem strauchartigen, kleinen, immergünen Baum, *Bursera graveolens*, gegeben, der mit anderen Copalbäumen verwandt ist.

Das Holz ist ein wichtiges schamanisches Räucherwerk, zum Beispiel bei gewissen schamanischen Ayahuascaritualen, Divinationen mit Coca (*Erythroxylum coca*), *mesas* (Ritualen) mit San-Pedro-Kaktus (*Trichocereus pachanoi*) und Reinigungszeremonien (*limpias*) in der synkretistischen *brujería*, »Hexerei«. Das Holz ist auch Bestandteil von erotisierenden *florecimientos*, »Blumenwassern«, und Liebeszaubern (*pusanga*).

In Kolumbien wird Palo Santo volksmedizinisch als Analgeticum, entzündungshemmendes Mittel (zum

Ein Stück Kernholz vom Palo-Santo-Baum (*Bursera graveolens*) mit seiner charakteristischen Färbung (Peru, 1998).

Palo Santo y Coca. Kernholzstücke vom Palo-Santo-Baum (*Bursera graveolens*) mit Cocablättern. Ein schamanisches Räucherwerk für Divination und Wahrsagerei (Bolivien, 2000).

Palo-Santo-Wäldchen. Der strauchartige kleine Baum (*Bursera graveolens*) ist mit dem arabischen Weihrauchbaum verwandt (Galapagos, Ecuador, 1997).

Beispiel bei Rheumathismus), Aphrodisiakum, Diuretikum, Expektorans, Insektizid und rituelles Reinigungsmittel benutzt. Dazu wird das Holz gekocht oder verbrannt, um seinen Duft zu verbreiten. Dem Duft soll die Kraft zur Reinigung von Menschen und Orten innewohnen. Neuerdings gibt es sogar ein *Palo Santo Aerosol* zur Raumbeduftung.

In Amazonien wird Palo Santo – wie Breuzinho – als Räucherwerk bei Ayahuascaritualen verwendet. Der Duft schützt und erdet die Teilnehmer und hilft dem

Schamanen, die visionären Muster als Lieder singen zu können.

In Südamerika wird manchmal der Rauchtabak (Mapacho) mit Splittern oder Pulvern vom Palo Santo versetzt. Dadurch bekommt der Rauch eine köstliche Duftnote, lässt sich leichter inhalieren und wirkt stärker.

Im 19. Jahrhundert wurde das wohlriechende Holz des mexikanischen Palo Santo (*Bursera graveolens*) als »Aloeholz« gehandelt und als pharmazeutischer Adlerholzersatz benutzt.

Anwendung und Rezepte

Palo Santo kommt in Holzstücken verschiedener Größen (armdick, handlang, fingerdick) oder als grob gemahlenes Pulver in den Handel. Die handlichen Stücke werden als Einzelräucherwerk bei Bedarf entzündet. Das Holzpulver wird entweder unvermischt oder in Kombinationen mit anderen Räucherstoffen auf glühende Holzkohle gestreut.

Palo Santo wird überwiegend als Einzelstoff geräuchert. Es wird zur Reinigung von Orten sowie zur volkstümlichen Heilbehandlung (Curanderismo) entzündet.

Das Holz wird zerkleinert, alleine bzw. mit Harzen (Copal, Jatoba) gemischt, oder zusammen mit trocknen Cocablättern zu Beginn der Divination geräuchert.

---

7 *Plantas zahumerio*
Curanderismo-Rezept aus Pasto, Nariño, Kolumbien.

Man nehme etwa gleiche Teile von:
Palo Santo
Copal
Amerikanischer Styrax
Jatoba
Lavendelkraut
Rosmarinblätter
Boldoblätter (*Peumus boldus*)

Die grob zerkleinerten Zutaten werden gemischt. Esslöffelweise auf die glühende Räucherkohle streuen.

Inhaltsstoffe
Das verharzte Holz ist besonders reich an Triterpenen. Es enthält, besonders im frisch geernteten Zustand, ein unverwechselbar duftendes ätherisches Öl.

Rohdroge
Verharztes Kernholz des Stammes (Palo Santo)

Stammpflanzen:
Bursera graveolens (HBK.) Tr. et Pl., Burseraceae
    syn. *Elaphrium graveolens* Knth.
Bursera microphylla Gray, Copal, Palo Santo

Andere Namen
Carana (Chiriguano), Caraña, Copal, Holy Wood, Nabanche' (Maya), Palo Santo Wood Incense, Sasafrás (Chiapas), Wanqor (Quechua), X-chité (Maya)

*Copalquahuitl
(*Bursera graveolens*
oder *Bursera
aloexylon*) in einer
Darstellung in
dem mexikani-
schen Manuskript
*Historia natural
o Jardín americano*
von Fray Juan
Navarro (1801,
fol. 180).*

Perubalsam

Myroxylon balsamum var. *pereira*

Der flüssige, fast schwarze Perubalsam entwickelt einen sehr dichten Rauch, wenn er auf die Räucherkohle tropft. Er verdampft; bevor er verbrennen kann. Der balsamische Dampf trägt einen intensiven Geruch, der zwar etwas nach Lack und Plastik riecht, dabei aber nicht unangenehm ist. Im Raum verbleibt allerdings ein schweres, süßes, leicht nach Vanille duftendes Aroma.

Den Azteken waren der Perubalsambaum und sein Produkt gut unter dem Namen *huitzilxochitl* bekannt. Er wurde als Wundmedizin und vermutlich als Räucherstoff verwendet. Die auf der Halbinsel Yucatán lebenden Mayaindianer benutzen das rohe Harz *(naba')* zum Beräuchern von Kranken und blasen den Rauch bei Afterauswüchsen und Hämorrhoiden ins Rectum. Die Maya und ihre Nachbarn benutzen den Perubalsam auch als Räucherstoff oder zur Dampfinhalation bei Erkältungskrankheiten. Die Rinde des Perubalsambaumes wird bei den Mayavölkern fein zerkleinert zum Aromatisieren von Rauchtabak, zum Beispiel in Zigarren gedreht, benutzt.

Die auf den San-Blas-Inseln (Panama) lebenden Cuna-Indianer stellen aus dem duftenden Holz, Paila genannt, heute noch Perlen für Halsketten her.

Im 16. Jahrhundert wurde das als Kirchenweihrauch benutzte Olibanum (vor allem in der Neuen Welt)

Perubalsam ist ein fast schwarzes, in dünnen Schlieren rötlich durchscheinendes Flüssigharz, mit balsamisch-süßem, vanilligem Aroma. Der europäische Hauptumschlagplatz für den pharmazeutisch genutzten Perubalsam war die Hansestadt Hamburg. Früher diente der Perubalsam auch als Gewürz, vor allem für Schokolade.

knapp. Daraufhin wurde der Perubalsam unter den Namen *Balsamo catolico*, *Balsamito* oder *Balsamum hispanicum* als Ersatzmittel in der katholischen Kirche für Olibanum und den von jeher knappen Mekkabalsam *(Commiphora opobalsamum)* benutzt (laut Papst Pius V., 1521). Hauptproduzent war die Balsamküste (San Salvador). Dort wird der Balsam auch heute noch in großem Maße geerntet. Es ist ein historischer Zynismus, dass die Kirche, die für die Ausrottung und Unterdrückung der Indianer verantwortlich ist und die heiligen Pflanzen der Indianer dämonisiert hat, sich einer heidnischen Ritualpflanze bemächtigt, um ihre Stellung zu bewahren.

Anwendung und Rezepte

Perubalsam wird nur in Mischungen mit Harzen (Copal, Jatoba, Amerikanischer Styrax, Tolubalsam), Hölzern (Guayakholz, Palo Santo) und Kräutern (Tabak, Boldo, Fabiana) geräuchert.

Ein Stück Rinde des Perubalsambaumes *(Myroxylon balsamum* var. *pereira)*, das zerraspelt als Räucherstoff und als Aromastoff für Zigarren aus Tabak genutzt wird (Palenque, Chiapas, Mexiko, 2000).

Rituelle Räucherung (Panama)

Man nehme folgende Zutaten:
2 Teile geröstete Kakaobohnenschalen
1 Teil getrocknete Chilischoten (*Capsicum* sp.)
3 Teile Copal
½ Teil Perubalsam(rinde)

Alle Zutaten werden grob zerkleinert und auf die Räucherkohle gestreut.

Inhaltsstoffe
Der Perubalsam enthält 50 bis 75% Cinnamein, ein Gemisch aus Benzoesäurebenzylester und Zimtsäurebenzylester, zirka 30% Harz, freie Zimtsäure, Benzoesäure, Nerolidol, Cumarin, Farnesol und Vanillin. Der Balsam hat antiseptische und antiparasitäre Wirkungen. Das ätherische Öl hat antiseptische, hustenstillende und angeblich auch aphrodisierende Wirkungen.
In der Pharmazie wird auch ein künstlicher Perubalsam namens Perugen (als Surrogat) verwendet.

Rohdroge
Perubalsam (Balsamum Peruvianum, Balsamo de Perú)

Stammpflanze
Myroxylon balsamum (L.) HARMS var. *pereirae* (ROYLE) HARMS, Fabaceae (Papilionaceae), Schmetterlingsblütler; *Huitzxochitl*, »Perubalsambaum« syn. *Myroxylon pereira* (ROYLE) BAILL.

Andere Namen
Balsam aus Neuspanien, Balsam of Peru, Balsaminkumsöl, Balsamo catolico, Balsamo de Perú, Balsamöl, Balsamum indicum nigrum, Baume des Indes, Baume de Pérou, Baume du San Salvador, Chinaöl, Estoraque, Indianischer Balsam, »Indischer Balsam«, Inkumsöl, Italienischer Balsam, Krätzbalsam, Naba', Näba', Opobalsamum liquidum, Peruanischer Balsam, Schwarzer Balsam, Sonsonatebalsam, St. Salvadorbalsam, Wundbalsam, Xiló, Zauberbalsam

Pinienharz und -holz
Pinus spp.

Pinienarten gibt es fast überall auf der Welt. Diese oft majestätischen immergrünen Bäume stehen in hohem Ansehen, denn sie liefern Baumaterial, Brennholz, Nahrung, Medizin und Räucherstoff. Auch Arven, Kiefern und Ocotes gehören zu den Pinien.
In der Antike war die Echte Pinie (*Pinus pinea* L.) ein heiliger Baum und mit den Kulten der Kybele und Demeter, aber auch mit Dionysos und Pan assoziiert. Sie wurde den Äygptern mit ins Grab gelegt und bei Griechen und Römern als Symbol der Vermehrung und Fruchtbarkeit verehrt. Der Pinienzapfen war die »Signatur des Widders«; seine Kerne waren ein beliebtes Aphrodisiakum. Das Harz »als Räucherung treibt den Embryo und die Nachgeburt aus«, heißt es bei DIOSKURIDES (I, 86). Über rituelle Räucherkulte mit Pinienharz schweigen die antiken Quellen. Möglicherweise wurde Pinienharz aber für Panräucherungen verwendet: »Die Pinie war einst eine Jungfrau, und ward zu gleicher Zeit vom Pan und vom [Windgott] Boreas geliebt. Sie gab dem Pan den Vorzug, und Boreas, hierüber ergrimmt, stieß sie von einem Felsen, so dass sie starb. Die Erde fühlte Mitleid mit der Jungfrau, und verwandelte sie in einen Baum gleichen Namens. Noch jetzt hegt dieser die Liebe zum Pan und bekränzt ihn mit seinen Zweigen; den Boreas aber hasst er und weint, wenn es von ihm angehaucht wird« (*Geoponika* 11, 10).

Die Kiefer (*Pinus nigra*) liefert nicht nur Harz als Räucherstoff, auch die Kiefernzapfen, die Kiefernrinde und die Kiefernnadeln werden zum Räuchern genutzt (zum Beispiel für Rauhnächteräucherungen).

Pinienharztränen treten an künstlichen Einschnitten oder natürlichen Verletzungen der Rinde hervor und erstarren. Diese Eigenschaft wird seit dem Altertum zum Zapfen des begehrten Harzes genutzt *(Pinus pinea*, Epidauros, Griechenland).

In Chiapas (Mexiko) werden von verschiedenen Arten – vor allem *Pinus chiapensis*, von den Lakandonen *tähte'*, »Gerader Baum«, genannt – die Harze zum Herstellen von Weihrauch gezapft. Die Lakandonen nennen das sehr aromatische Harz *pom*, im Gegensatz zu dem selteneren Harz des Copalbaumes *(Protium copal)*, das sie *hach pom*, »Echter Weihrauch« nennen. Sie verbrennen es bei allen Zeremonien im dorfeigenen Götterhaus oder an den »Häusern der Götter« – so werden Felsen, Höhlen und Mayaruinen genannt. Die Hochland-Maya von Guatemala glauben, die Pinien seien die ersten Bäume gewesen, die nach der

Schöpfung der Erde und der Berge geschaffen wurden. Deshalb sind sie heilig und auch deswegen dient ihr Harz als »Nahrung für die Götter«. Es wird bei religiösen und schamanischen Ritualen geräuchert. Die Quiché-Maya, die noch heute in großer Zahl im Hochland von Guatemala leben, verbrauchen täglich riesige Mengen Pinienharz, um ihre Götter, ihre heiligen Orte und Tempel, ihre Häuser und ihre Kranken zu beräuchern. Im *Popol Vuh*, »Buch des Rates«, der mythischen Schöpfungsgeschichte der Quiché, wird die besondere Stellung der heiligen Harzlieferanten begründet: »In Nebel, Wolken und Staub geschah die Schöpfung, als die Berge sich aus den Wassern erhoben, und sogleich wuchsen die Berge. Nur durch ein Wunder, durch Zauber wurden die Berge und Täler geschaffen. Und zugleich sprossten die Zypressen und Pinien und bedeckten der Erde Antlitz.« Zur Begrüßung der Sonne sowie zur Geburt des Lichtes entzündeten die drei Schöpfergottheiten das aus den ersten Bäumen gewonnene Harz: »Da holten sie den Weihrauch [*mixtem pom*, ›dreierlei Weihrauch‹] hervor, den sie aus dem Osten für diese Stunde mitgebracht hatten. Die drei Bündel knüpften sie auf, als Weihegabe ihres dankbaren Herzens: Weihrauch von Mixtán brachte Balam-Quitzé, Weihrauch von Cavistán wurde der von Balam-Acab dargebrachte genannt, Mahucutáh aber bot Götterweihrauch [*cabavil pom*] dar. Alle drei hatten ihren Weihrauch. Den verbrannten sie und tanzten zum Osten gewendet. Unter Freudentränen tanzten sie, Weihrauch brennend, den heiligen Weihrauch. Darauf weinten sie nochmals, da es noch nicht hell wurde, da sie der Sonne Antlitz nicht sahen. Dann erschien schließlich die Sonne« (*Popol Vuh*, »Buch des Rates«).

Als sodann die Menschen geschaffen wurden, lernten diese, den heiligen Weihrauch als erste Opfergabe den Göttern darzubieten. Die Götter wollten außer dem Weihrauch noch Blut, den wahren »Göttertrank«; wurden sie mit beidem beehrt, so offenbarten sie sich den Menschen: »In Gestalt von Jünglingen zeigten sich [die Götter] den Blicken, wenn man ihnen Weihrauch darbrachte (…) Und mit dem Blut der Rehe und der Vögel netzten [die Opferpriester], wenn sie diese gefangen, die steinernen Lippen [der Götterbilder]: so tranken Tohil (der Donnergott) und Avilix (›der Wächter‹). Und da dies der Göttertrank ist, sprachen die Steinbilder, wenn ihre frommen Diener mit Weihrauch vor ihnen erschienen. Und so tat man auch vor jenen im Hirschgewand. Harz brannte man ihnen und Zauberkraut, und Rauschpilze brachte man ihnen dar« *(Popol Vuh)*.

Das Harz wird als das »Blut des Baumes« betrachtet, und in der esoterischen Sprache auch als »Blut« bezeichnet. Noch heute achten die Quiché darauf, dass der Weihrauch niemals von einer menschlichen Hand berührt wird, nachdem er auf einem Altar platziert wurde. Er kann nur noch mit einem hölzernen Weihrauchstab berührt werden.

Harzklumpen und Kienholz der *tähte'* genannten Pinie *(Pinus chiapensis)* im tropischen Regenwald. Sie gehören zu den bevorzugten Räucherstoffen *(pom)* der Lakandonen (Naha', Chiapas, Mexiko, 1982).

Das Pinienharz (*teocotl*, wörtl. »Göttliche Pinie«) diente auch der Behandlung von Geisteskrankheiten in der aztekischen Medizin. Eine Person, die an Tobsucht litt, wurde mit einer Räucherung nach folgendem Rezept behandelt: »Die Haut, die Knochen und die Exkremente [des Ozelots] werden verbrannt und zusammen zermahlen; dann wird Pinienharz hinzugefügt. Dieses wird nahe bei dem, der tobsüchtig ist, verbrannt. Es wird dieser Weihrauch wirksam« (SAHAGUN XI, 148). Das Pinienharz wurde für medizinische Zwecke mit anderen Räucherstoffen, wie dem mexikanische Wermut *(Artemisia mexicana)* oder dem stark nikotinhaltigen Bauerntabak *(Nicotiana rustica)*, vermischt und geräuchert. Diese Mischungen aus Harzen und psychoaktiven Wirkstoffen (Thujon, Nikotin) ergeben stark geistbewegende Räucherwerke. Ihre psychotrope Wirkung erfährt man aber nur bei der richtigen Dosis an inhaliertem Rauch – und die ist recht hoch!

Anwendung und Rezepte

Pinienharze und -hölzer (Kienspäne) sind sehr gut als einzelnes Räucherwerk zu gebrauchen. Vor allem Pinienharze (Kiefernharz, Piñon Pine) sind wichtige Zutaten in traditionellen schamanischen Räucherungen.

Entheogene Rauhnächteräucherung

Man nehme folgende Zutaten:
3 Teile Kiefernharz *(Picea abies)*
1 Teil Bernstein *(Succinum)*
1 Teil Sumpfporstblätter *(Ledum palustre)*
1 Teil Fliegenpilzhäute *(Amanita muscaria)*
1 Teil Hanfblüten *(Cannabis sativa)*
1 Teil Bilsenkrautsamen *(Hyoscyamus niger)*
1 Teil Beifußkraut *(Artemisia vulgaris)*
3 Teile Wacholderbeeren *(Juniperus communis)*

Alle Zutaten werden fein zerkleinert und gemischt. Das Räucherpulver wird nach und nach auf die glühende Holzkohle gegeben.
Diese Räucherung ist eine Art »heidnische Komposition« mit kosmologischen Bezügen! Es gibt viele verführerische Spekulationen und Interpretationen! Der Fliegenpilz und der Hanf stehen für Wotan und Freia; in der Kiefer und im Fliegenpilz offenbaren sich der Weltenbaum und sein Symbiont, der an seinen Wurzeln wächst, dort wo der Brunnen der Erinnerung sprudelt. Der Bernstein deutet auf die uralten Ahnen der Harz spendenden Bäume hin. Der Wacholder steht für die Ahnengeister, Sumpfporst für die Berserker, Beifuß für die Geister.

Julräucherung (Yule)

Man nehme etwa gleiche Teile von:
Kiefernharz *(Pinus* spp.)
Wacholder *(Juniperus communis)*
Lebensbaum *(Thuja* spp.)

Diese Räucherung ist für alle Winterriten geeignet; damit kann auch das Haus ausgeräuchert werden, aber nur vom 1. November bis zum 21. März, also von Samhain oder der Seelenspeisung bis zur Frühlings-Tag-und-Nacht-Gleiche.

***Saumerio* (Mexiko)**
Allgemeine Schutzräucherung für Haus und Hof.

Man nehme etwa gleiche Teile von:
Pinienharz
Pinienrinde
Mischung der folgenden acht Bestandteile
zu etwa gleichen Teilen:
Lavendelkraut oder -blüten
Oreganokraut
Lindenblüten *(Tilia)*
Eukalyptusblätter *(Eucalyptus* sp.)
Knoblauchschalen
Rosmarin
Schwarzer Senf *(Brassica nigra* Kuch.)
Alaun

Alle Zutaten werden grob zerkleinert und gut gemischt. Das Räucherwerk wird möglichst in großen Gaben auf reichlich glühende Holzkohle gestreut.

Inhaltsstoffe
Alle Pinien enthalten Harze und reichlich ätherisches Öl sowie Gerbstoffe. Aus der Echten Pinie sowie aus anderen Arten wird in der pharmazeutischen Industrie das Medizinal-Terpentinöl gewonnen, das stark antiseptisch wirkt und zur Verminderung der Bronchialsekretion führt.

Rohdrogen
Pinienharz (Resina Pini, Kiefernharz)
Pinienrinde (»Mirra«, Incienso negro)
Pinienzapfen (Strobilos)
Piniennadeln
Pinienholz, Kienspan (Ocoté, Feuerholz, Fat Wood)

Stammpflanzen
Pinus spp., Pinaceae
Pinus chiapensis (Mart.) Andresen, Ocote, Pinabete, Pino Blanco, Tähte'
Pinus nigra Arnold, Schwarzkiefer
Pinus pinea L., Pinie

Andere Namen
Föhrenharz, Kiefernharz, Mirra, Ocoté, Pine resin, Pom, Tähte', Tecote

Piñon-Pine-Harz
Pinus edulis

Diese Pinienart (auch Nusskiefer genannt) gedeiht auf einer Höhe von rund 1700 Metern, bevorzugt an Felsen und Canyons, oft vergesellschaftet mit Wacholder, Eichen und anderen Kiefern- bzw. Pinienarten. Die Piñon Pine ist die von den Indianern des Südwestens bevorzugte Pinienart in Nordamerika. Sie spielt in der indianischen Kultur seit mindestens sechstausend Jahren eine wichtige Rolle als Nahrungs-, Heil- und Räuchermittel. Die Samen sind essbar und liefern eine hochwertige Nahrung. Die Nadeln und Harze werden vielen Heilmitteln zugesetzt.

Die Navajo glauben, dass die Piñon Pine *(cá'ol)* am Anfang der Schöpfung vom Eichhörnchen gepflanzt wurde und dass sich die ersten Menschen ausschließlich von den Pinienkernen *(nictc'íi pináa')* ernährt haben. Die Navajo benutzen das Harz als Weihrauch bei ihrer wichtigsten Heilzeremonie, dem so genannten Night Chant, »Nachtgesang«.

Piñon ist als Ritualgabe in den Großen Gesängen wichtig. Sie ist für männliche Patienten, während Wacholder für weibliche bestimmt ist. Rituelle Zigaretten werden nach den Zeremonien im Schatten einer Piñonkiefer deponiert. Ein ritueller Weihrauch wird bei den Navajo aus dem getrockneten Piñonharz und verschiedenen Vogelteilen (!) gemischt. Beim mystischen Nachtgesang beräuchern sich damit alle Teilnehmer.

Piñonzweige dienen in vielen Zeremonien als Baumaterial für rituelle Zäune, Umfriedungen und Hütten. Die achteckigen Hogans, die traditionellen Häuser der Navajo, werden aus Piñonstämmen gebaut; ebenso die temporär errichteten Ritual-Hogans. Das Piñonholz ist das meist geschätzte Feuerholz, besonders für rituelle Feuer. Die Piñonasche wird mit feinem Sand zerrieben, bis er schwarz ist. Dieser »schwarze Sand« wird für die kosmologischen Sandmalereien der Großen Gesänge als die Farbe Schwarz (symbolisch für den Westen) benutzt.

Die Tewa- und Santa-Clara-Pueblos halten die Pinie für den ersten Baum überhaupt; ihre Samen für die erste Nahrung *(tô)*. Das Holz diente zum Bauen von Pueblos und Erdhütten. Aus dem gekochten Harz und

Das Harz der Piñon Pine *(Pinus edulis)* wird im Südwesten Nordamerikas von Schamanen und Medizinmännern als Räucherstoff geschätzt (Devils Tower, Montana, USA, 2001).

Tierhufen stellten die Navajos und Hopi einen Klebstoff zum Befestigen von Türkisen und Jet an Muschelschalen usw. her. Das erwärmte Harz wurde auch zum Dichten von Kochgeschirren verwendet. Auch zum Verkleben von Wunden taugt das frische Harz. Die Pinie ist das bedeutendste Räuchermittel der Puebloindianer. Die Zuni nennen den Baum *he'sho tsi'tonne*, »Gummi-Zweig«. Die Hopi benutzen hauptsächlich die Piniennadeln zum Räuchern. Manchmal werden sie zerkleinert, mit wildem Tabak *(Nicotiana* sp.) vermischt, als Räucherpulver verwendet. Nach einer Begräbniszeremonie wird im Haus der Verbliebenen Pinienharz ins Feuer geworfen, damit sich alle Verwandten beräuchern und reinigen können. Die Hopi beräuchern mit dem Harz (auf glühender Holzkohle) alle Mitglieder einer Familie, die einen akuten Todesfall zu beklagen hat, sowie deren Kleidung. Nach der Beisetzung werden die Lebenden dadurch

»desinfiziert«: Die Schattenseele nimmt Abstand von ihnen. Zum Schutz vor Zauberei bestreichen sich die Hopi mit dem Harz die eigene Stirn. Diese Praktik haben die spanischsprechenden Amerikaner des Südwestens übernommen. Dafür gibt es aus Piñon-Pine-Harz und -nadeln gepresste Räucherbriketts zu kaufen.

Die Zuñi, ein Pueblostamm, der heute für seine herausragenden Schmuckstücke und die steinernen Fetische berühmt ist, stellen aus Sweetgrass (= Vanillegras, *Hierochloe odorata*) und Sage (= Präriebeifuß, *Artemisia ludoviciana*) Räucherbündel her. Manchmal versetzen sie diese Bündel, wenn sie sehr fest gebunden sind, noch mit Piñon-Pine-, Pinien- oder Copalharz.

Das Piñonharz wird ethnomedizinisch als Expektorans bei Brusterkrankungen benutzt. Dazu wird eine Harzkugel in der Größe einer Beere geschluckt.

Die Navajo benutzen die Nadeln zur Behandlung von Syphilis. Der Patient muss die Nadeln kauen und schlucken. Danach reichlich Wasser trinken. Dann muss er zirka eine Meile laufen, bis er schweißüberströmt ist. Danach wird er in eine dicke Wolldecke gewickelt. So kann er warten und auf Heilung hoffen. Viele Stämme nutzen das weiche Piñonharz zur äußerlichen Behandlung von Wunden, Schnitten und anderen Verletzungen. Das pulverisierte Harz wird auf die infektiöse Hautpartie aufgestreut. Der Rauch des Harzes wird bei Kopfschmerzen (Kopfkatarrh) inhaliert, der Rauch der getrockneten Knospen wird bei Ohrenschmerzen ins Ohr geblasen.

Anwendung und Rezepte

Das Piñon-Pine-Harz kann alleine, aber besser mit Kräutern (Wacholder, Lebensbaum, Prärie-Beifuß, Salbei, Zypresse, Tabak) vermischt geräuchert werden.

Rituelles Räucherwerk der Zuñi-Indianer

Man nehme etwa gleiche Teile von:
Piñon-Pine-Harz
Wacholdernadeln (*Juniperus virginiana*)
Sweet Grass (= Mariengras, *Hierochloe odorata*)
Sage (= Prärie-Beifuß, *Artemisia ludoviciana*)

Die Zutaten werden grob zerkleinert und gemischt. Teelöffelweise auf die glühende Holzkohle streuen.

Inhaltsstoffe
Harze und ätherisches Öl wie alle Pinien (siehe dort).

Rohdrogen
Harz (Piñon Gum, Itjeeh auf Navajo)
Nadeln (Pi'iil auf Navajo)

Stammpflanze
Pinus edulis ENGELM., Pinaceae, Föhrengewächse
    syn. *Pinus cembroides* ZUCC.

Andere Namen
Nut Pine (USA), Piñon Resin, Pinyon, Tcha'ol (Navajo), Twoneedle Pinyon

Präkolumbianische
Rauchfass (Mexiko

Sal dhupa
Shorea robusta

Der tropische Salbaum kommt im Tiefland (Terai) von Nepal und in den subalpinen Zonen bis zu 1500 Meter Höhe vor. Der achtzehn bis dreißig Meter hohe Laubbaum mit Pfahlwurzeln, schlanken geraden, erst hoch sich verzweigenden Stämmen (bis zu zwei Meter im Durchmesser), rötlich-brauner bis grauer Rinde, trägt cremefarbene, rispenartige Blütenstände und bildet große, rundliche, dicke Blätter aus. Sie werden in Nepal und Indien als (Einweg-)Teller, vor allem für Opferspeisen *(prasad)*, genutzt oder als Deckblätter zum Drehen von Zigaretten verwendet.

Er gilt als der bedeutendste Hartholzlieferant. Besonders das Kernholz wird zur Herstellung von *phurbas*, »Geisterdolchen«, und anderen schamanischen Geräten benutzt. Der Baum produziert auch ein Harz, das als Weihrauch *(sal dhupa)* Verwendung findet. Sal ist von alters her ein heiliger Baum in Indien und Nepal; er gilt sogar als der »Baum des Paradieses« (Sanskrit *sâla*).

Der Baum mit seiner mächtigen Krone heißt Indra Chatra, »der Schirm des Indra«, und gilt als Symbol des vedischen Donnergottes Indra; er kann aber auch jede andere Gottheit symbolisieren. Der Salbaum gehört aufgrund seiner Eigenschaften zu den heiligen Pflanzen. Er gilt als eine Form des Lotus, als Baum des Lebens und Wohnort der Götter. Aus dem Salholz werden deshalb Götterfiguren geschnitzt.

Das Harz wird durch Einschnitte in die Rinde gewonnen. Dazu begeben sich die Schamanen und Schamaninnen möglichst nackt oder nur mit einem kleinen Lendentuch bekleidet in die weiten Salwälder und suchen mit Hilfe eines speziellen Mantras (Zauberspruch, Beschwörungsformel) das richtige oder brauchbare Exemplar.

Der Rauch des auf Holzkohle gelegten Salharzes ist weiß und sehr dicht oder dick. Wenn man ihn inhaliert, wird man *high*. Die psychoaktive und berauschende Wirkung dieses Harzes ist geradezu überwältigend. Manche Schamanen geraten dadurch in sehr tiefe Trancen. Die Zuschauer werden auch von dem kräftigen, aber sehr aromatischen Rauch mitgerissen. Salharz ist ein *Reise*mittel, das nach Aussagen

Das copaline Harz (Sal dhupa) des Salbaumes *(Shorea robusta)* gilt bei den Schamanen und Schamaninnen von Nepal als der am stärksten berauschende Räucherstoff. Mit Beifuß kombiniert dient es als Räucherwerk für die Unterwelt (Nepal, 1999).

der nepalesischen Schamanen eine Kraft wie Marihuana enthält.

Das Salharz wird zur Herstellung von tantrischem Räucherwerk *(dhupa)* verwendet und als Aphrodisiakum eingenommen.

In der nepalesischen und indischen Volksmedizin wird das adstringierende Salharz zur Behandlung von Geschlechtskrankheiten (Gonorrhö, Syphilis) und sexu-

Das Sal dhupa ist ein hartes, trockenes Harz. Es kommt in kleinen Stücken und Brocken, die noch die Form und Gestalt des aus dem Stamm fließenden Balsams hat, in den Handel – »Stalaktiten« (Nepal, 2002).

ellen Gebrechen benutzt. Es wird auch zum Ausräuchern von Krankenzimmern und gegen Moskitos erfolgreich verwendet.

Anwendung und Rezepte

Sal dhupa eignet sich als Einzelräucherung. Dieses copaline Harz wird in vielen Räucherrezepten der Schamanen des Himalayagebiets rituell verwendet.

Schamanenräucherwerk (Nepal)

> Man nehme in etwa gleiche Teile von:
> Sal dhupa
> Dhupi (*Juniperus recurva*)
> Titepati (*Artemisia vulgaris*)

Das Harz und die Kräuter werden grob zerkleinert und gemischt. In großen Gaben auf reichlich glühende Holzkohle schütten. Diese Mischung wird traditionell zur Unterstützung einer schamanischen »Reise« geräuchert.

Sal-dhupa-Räucherung mit Bilsenkraut (Nepal)

> Man nehme folgende Zutaten:
> 2 Teile Salharz (*Shorea robusta*)
> 1 Teil Bilsenkrautsamen (*Hyoscyamus niger*)

Das Harz zermörsern und mit den Samen vermischen. Auf die Räucherkohle geben. Achtung: kann stark psychoaktiv sein!
Wenn man kein Salharz (*sal dhupa*) zur Hand hat, kann jedes andere Harz (zum Beispiel Indischer Weihrauch, Guggul, Dammar, Elemi) verwendet werden, allerdings wirkt Sal am stärksten psychoaktiv oder berauschend.

Liebeszauber

Liebesräucherung aus dem *Anangaranga*, einer altindischen Liebeslehre.

> Man nehme zu etwa gleichen Teilen:
> Sal dhupa
> Kardamomsamen
> Weißes Sandelholz
> Gelbwurz (Kurkuma)
> Kalmuswurzel (*Acorus calamus*)
> Srngi-Kraut (*Eclipta alba*, Compositae)

Alle Zutaten werden fein zerkleinert und gut gemischt: »Damit geräuchert bezaubert es alle und jeden.«

Inhaltsstoffe
Das Sal dhupa enthält typische dipterocarpe Harze, Triterpene, Sesquiterpene (β-Amyrin, Dipterocarpol u.a.) sowie ätherisches Öl.

Rohdroge
Harz (Resina Vaticae)

Stammpflanze
Shorea robusta GAERTN., Dipterocarpaceae
    syn. *Vatica robusta*

Andere Namen
Agrath (Nepali), Ashwakarna (Sanskrit), Bolsal (Assam), Chuma (Kirati), Dhusim (Newari), Harangi, Indian Dammer (»Indisches Dammarharz«), Indra Chatra (Hindi »Indras Schirm«), Khoto, Poekar, Rakshi, Runecho, Sakhu (Hindi), Sakhuwa (Nepali), Sâla (Sanskrit), Salu pati, Sarja, Saulharz, Spos-dkar (tibetisch), Tatural (Nepali), Vatica

Sandelholz (weiß)
Santalum album

Der immergrüne Baum wächst wild im indischen Staat Mysore. Dort und andernorts wird er auch in Plantagen als Nutzgewächs gezogen. Der bis zu zehn Metern hoch wachsende Sandelholzbaum *(chandan)* ist in Indien heilig und wird dem Gott Shiva geweiht. Das duftende Holz, besonders das Kernholz, gehört zu den beliebtesten Räucherstoffen und ist vor allem in den Mischungen, die für Shiva bereitet werden, enthalten. Das Holz wird an Shiva-Lingams gerieben; eine Paste (Candanalepanna) daraus tragen sich die Shiva-Verehrer auf der Stirn auf. In der indischen Folklore wird berichtet, der Baum wird immer von Schlangen umlagert, die sich an seinem süßen Duft ergötzen. Allerdings heißt es, der Baum neutralisiere das Schlangengift. Deswegen wird das Sandelholzpulver in Schlangenbisse gestreut.

Das Weiße Sandelholz ist im Yoga dem Wurzelchakra zugeordnet und soll die Kraft besitzen, die Kundalini-Schlange zu erwecken. Daher ist das Sandelholz und -öl im Tantrakult und Yoga von herausragender Bedeutung. Denn nur die erweckte Kundalini-Schlange, die gewöhnlich im Becken des Menschen schläft, kann die Energiezentren des Menschen zum Blühen bringen und schließlich zur Erleuchtung führen.

In der ayurvedischen Medizin gilt das Weiße Sandelholz als Herztonikum und Erzeuger von Fröhlichkeit; es hilft bei Verbrennungen, Blutungen und Vergiftungen.

Im indischen Volksglauben heißt es, der Sandelduft vertreibt böse Geister. Orte, die nach Sandel duften, können von niederträchtigen Geistern gar nicht erst betreten werden. Deshalb wird viel mit Sandelholz geräuchert. Oft werden Mischungen von zerkleinertem Sandelholz, Gerstenkörner und Sesam ins Opferfeuer geworfen. Weißes, zu Mehl gemahlenes Sandelholz ist eine der wichtigsten Zutaten für die Herstellung von Räucherstäbchen. Mit Rose zusammen wird Sandelholz am letzten Tag des Hindujahres, zum Dewali-Fest, geräuchert, um die Menschen von allen Sünden reinzuwaschen. Wenn man Sandelholz auf die Räucherkohle streut, entwickelt sich sofort der cha-

Weißes Sandelholz *(Santalum album)*; in solchen handlichen Stücken wird der beliebte Räucherstoff an hinduistischen Tempeln verkauft. Das Sandelholz wird als rituelles Räucherwerk und heiliger Duftstoff schon in den frühesten Sanskritquellen erwähnt (Indien, 1998).

Räucheropfer mit Sandelholzstäbchen in einem taoistischen Schrein in Tai-pei, Taiwan (1988). Der charakteristische, leicht schwüle Sandelduft wird in Asien von Indien bis Japan als Aroma des Heiligen und Hauch der Meditation geschätzt.

rakteristische süße Sandelduft, vermischt sich aber mit einem leicht scharfen Geruch nach brennendem Holzfeuer. Der Duft gemahnt an die köstlichen Himmelswelten und den unweigerlichen Übergang in die jenseitige Welt.

Reiche Hindus lassen sich am Ganges auf Scheiterhaufen aus dem kostbaren Sandelholz verbrennen.

Dadurch wird ihre Seele für die göttlichen Gefilde wohl parfümiert. Außerdem überdeckt der Sandelgeruch den Gestank des verbrennenden Fleisches. Leichen werden auch oft vor der Verbrennung mit Sandelöl gesalbt.

Sandelholz, Sandelöl und sandelhaltige Räucherungen werden sehr vielseitig bei der Meditation von Hindus, Buddhisten und Moslems benutzt. Für die Sufis ist Sandelholz und Sandelöl von großer Bedeutung.

Anwendung und Rezepte

Größere Stücke vom Weißen Sandelholz können entzündet und als rituelles Räucherwerk verwendet werden. Das zerkleinerte Holz ist ein viel benutzter Bestandteil ritueller und religiöser Räuchermischungen.

Räucherwerk für die allgemeine Meditation

Man nehme gleiche Teile von:
Weißes Sandelholz
Siam-Benzoe
Olibanum oder Indischer Weihrauch

Die Zutaten werden pulverisiert und vermischt. In kleinen Gaben auf die glühende Räucherkohle streuen.

Räucherwerk für die Evokation von Sylphen
Zur Zeremonialmagie.

Man nehme folgende Zutaten:
2 Teile weißes Sandelholz
2 Teile Tollkirschenblätter (*Atropa belladonna*)
1 Teil Wolfsmilchblätter (*Euphorbia* sp.)

Rotes Sandelholz stammt von *Pterocarpus santalinus* L. fil., Fabaceae (Leguminosae, Papilionaceae), Schmetterlingsblütengewächse. Die Rote Sandelholzdroge (Lignum Santali rubrum) wird meist nur als »Schönmacher« und Farbgeber zu Räuchermischungen zugesetzt.

Die Zutaten werden fein zerkleinert und gut gemischt. Das Räucherpulver wird in kleinen Gaben nach und nach – unter entsprechenden Beschwörungsformeln – auf die Räucherkohle gestreut.

Weihrauch, um Visionen zu erschauen (nach J. Rose)

Man nehme etwa gleiche Teile von:
Weißes Sandelholz (*Santalum album*), gemahlen
Weibliche Hanfblüten (*Cannabis sativa*), zerbröselt
Stechapfelsamen (*Datura innoxia* oder *Datura* spp.)

Dazu gibt man eine Prise Veilchenwurzel (*Viola odorata* L.) und parfümiere mit etwas Sandelöl, Benzoe-Essenz und pulverisiertem Tolubalsam.

Die fertige Mischung wird nach und nach auf die Räucherkohle gegeben. Um in einen visionären Zustand zu gelangen, muss sehr viel Rauch inhaliert werden.

Inhaltsstoffe
Im Sandelholzöl gibt es eine Substanz, die mit dem menschlichen Pheromon Androstenol analog ist und eine ähnliche chemische Struktur wie das Sexualhormon Testosteron aufweist. Außerdem enthält das ätherische Öl den charakteristisch duftenden Stoff Santalol, daneben Santalen, Santen, Santenon und Santalal.

Rohdroge
Sandelholz (Lignum Santali album, Lignum Santali citrinum)
Holzpulver (*Seto dhup*)

Stammpflanze
Santalum album L., Santalaceae, Sandelbaum, Sandelgewächse

Andere Namen
Gelbes Sandelholz, Sandalwood, Santal blanc, Santal jaune, Santal odorant Seto dhup, Shree Khanda, Shrikanda Chandana (Sanskrit), Sirikandah, Weißes Sandelholz, Wohlriechendes Sandelholz

Styrax (Storax)

Liquidambar spp.

Styrax (Storax) stammt von den kleinen strauchartigen Balsambäumen, die vor allem in Syrien, der Türkei, aber auch in Griechenland vorkommen. Sie sind nah verwandt mit dem Amerikanischen Amberbaum. Das Styraxharz war in der Antike einer der wichtigsten Räucherstoffe, der auch vielseitig – wie übrigens alle Räucherstoffe – in der Medizin verwendet wurde. So soll das Räuchern mit Styrax *(Tutsu)* das allgemeine Schutzmittel der Einwohner Konstantinopels gegen Pestansteckung sein. Die Styraxräucherung erweckt Liebe und bereitet Entspannung, wird gesagt. Eine eigentümliche Anwendung der Styraxräucherung ist bei PLINIUS DEM ÄLTEREN in seiner *Naturgeschichte* notiert: »Die Speisen kochen die Sabäer mit Weihrauchholz, andere mit Myrtenholz, und ihre Städte und Dörfer durchzieht der gleiche Rauch und Duft wie von den Altären. Um nun diesen zu beseitigen, verschaffen sie sich Storax in Bocksfellen und räuchern damit ihre Häuser. Es gibt ja keinen Genuss, der nicht durch Gewöhnung Ekel hervorruft. Denselben [Storax] verbrennen sie auch, um Schlangen zu vertreiben, die in den wohlriechenden Wäldern sehr häufig sind« (XII 40, 81). Styrax (Storax) wurde im Altertum aber auch kultisch verwendet. Es war einer der Haupträucherstoffe für die dunkle Göttin Hekate, die Herrin aller Hexen und Zauberinnen, die Göttin der Zauberpflanzen und

Styrax, körnig oder Styrax Calamitus (Handelsware). Styrax calamitus wird aus den Pressrückständen bei der Styraxverarbeitung gewonnen und dient als Räucherstoff.

Giftgewächse. Hekate erinnert sehr an die Hindugöttin Kali und wurde gelegentlich ganz ähnlich dargestellt, nämlich mit sechs Armen, umgeben von Schlangen. Sie hatte in Kolchis am Schwarzen Meer ihren Zaubergarten und wurde, besonders in der Spätantike, von Frauen als Orakelgöttin angerufen. Dazu wurde Styrax mit anderen Stoffen vermischt als magisches Räuchermittel verwendet.

Obwohl Styrax so eng mit einer der »heidnischsten« Göttinnen verbunden war, wurde es pikanterweise in der griechisch-orthodoxen Kirche neben Olibanum das wichtigste Räuchermittel. In der frühen Neuzeit wurde es als medizinisches Räucherwerk eingesetzt.

Anwendung und Rezepte

Styrax, ob flüssig oder körnig, wird fast nie als Einzeldroge geräuchert. Styrax ist aber seit der Antike eine wesentliche Zutat für ritualmagisches Räucherwerk, zum Beispiel zur Evokation von Elementargeistern in der Zeremonialmagie.

Räucherwerk für die Evokation von Gnomen

Man nehme folgende Zutaten:
10 Teile Styrax (Storax)
10 Teile Bilsenkrautblätter *(Hyoscyamus niger)*
5 Teile Copal

Die zerkleinerten Bilsenkrautblätter und der pulverisierte Copal werden mit dem Styrax verknetet und zu Kügelchen gedreht. Nach und nach auf glühende Holzkohle legen.

Räucherung der Hekate (Spätantike)

Man nehme etwa gleiche Teile von:
Styrax *(Styrax officinalis)*, flüssig
Olibanum *(Boswellia sacra)*
Myrrhe *(Commiphora* spp.)
Lorbeerblätter *(Laurus nobilis)*
Steppenrautensamen *(Peganum harmala)*

Die Harze, Blätter und Samen werden pulverisiert und mit dem flüssigen Styrax verknetet. In kleinen Kugeln auf die Räucherkohle legen.

Erotische Räucherung namens Chypre, »Zypern« (Europa)

Man nehme folgende Zutaten:
2 Teile Styrax (Storax), körnig
1 Teil Traganth bzw. Gummi Tragacantha
(Hartschleim von *Astragalus* sp.)
1 Teil Kalmuswurzel (*Acorus calamus*)
2 Teile Ladanum (weiches Harz von der Zistrose
Cistus ladaniferus)

Der körnige Styrax, der Traganth und die Kalmuswurzel werden fein zerpulvert und mit dem leicht erwärmten Ladanum verknetet. In kleinen Kugeln auf die glühende Kohle geben.

Räucherwerk zur Stärkung des Gehirns (Lonicerus 1679)

Man nehme gleiche Teile von:
Styrax calamita (körnig)
Styrax, flüssig
Ladanum

Alle Zutaten werden miteinander vermischt und verknetet. In Kugeln auf Kohlen legen und stark inhalieren.

Weihrauch für Kirchen (nach *Hagers Handbuch der pharmazeutischen Praxis*, 1938 II: 307)

Man nehme folgende Zutaten:
2 Teile Weihrauch Olibani 200 g
3 Teile Styrax Styracis calamit. 300 g
3 Teile Benzoe Benzoes 300 g
1 Teil Bernstein Succini 100 g
2½ Teile Myrrhe Myrrhae 250 g
1 Teil Lavendelblüten Florum Lavandulae 100 g

Alle Zutaten werden miteinander vermischt und auf glühende Kohle gegeben.

Inhaltsstoffe
Der Echte Styrax enthält freie Zimtsäure und Ester der Zimtsäure (Cinnamein), Vanillin, Harze (Storesine); er ist von Anfang an wohlduftend. Styrax hat keimtötende und auswurffördernde Wirkungen.
Das Harz von *Styrax orientalis* enthält 7% ätherisches Öl, bestehend aus etwas Styrol, Vanillin, Styrocamphen u.a., Zimtsäure und Acethylcinnamat, bis zu 30% Zimtsäure, mehrere Zimtsäureester, zirka 2% Vanillin, Styrol (Phenyläthylen), Harz.

Rohdrogen
Das Styrax, seltener Storax genannte Harz (»Festes Styrax«), Styrax crudus (Rohstorax), Styrax liquidus oder Balsamum styracinum (Apothekerbegriffe), ist der dickflüssige Balsam vom Orientalischen Amberbaum (*Liquidambar orientalis*). Storax ist ein pathologisches Pflanzenprodukt, das erst nach Verletzung der Rinde, zum Beispiel durch Zerklopfen, entsteht. Das Storax (Rohstorax) bildet sich aber nicht in der Rinde, sondern im jungen Holz.
Das Styrax calamitus (Apothekerbegriff, aus der Antike übernommen) ist das gepresste Harz vom Storaxbaum, das in Schilf- und Palmenblätter verpackt und verschnürt wurde.

Stammpflanzen
Liquidambar spp., Hamamelidaceae, Hamamelisgewächse/Styriacaceae
Liquidambar officinalis L., Echter Styraxbaum
syn. *Styrax calamitus*
Liquidambar orientalis MILLER, Balsambaum, Styrax, Amberbaum
syn. *Liquidambar imberbe* AIT.

Andere Namen
Balsam of Storax, Balsamum styracinum, Balsamum Styrax, Estoraque, Flüssiger Storax, Ken niuben (altägyptisch), Liquid amber, Liquidambar, Storax, Styraxsaft, Tsori (hebräisch), Turuska (Sanskrit), Tutsu

Styrax (südamerikanisch)

Styrax spp.

Die Harze verschiedener südamerikanischer *Styrax*-Arten werden von Indianern von alters her als Räucherstoffe und Heilmittel verwendet. Sie werden bei schamanischen Ritualen, in der Zeremonialmagie und im Curanderismo, der lateinamerikanischen Volksmedizin, geräuchert.

Das harte Harz von *Styrax ovatus* ist unter den Namen Incienso (»Weihrauch«, Bolivien), Incienso macho (»Männlicher Weihrauch«, Bolivien), Incienso de Goma (Bolivien), Benjul (Guarayo), Igüiraichi (Chiriguano) und Churiru (Aymara) bekannt. Es wird als *sahumerio*, »Räucherung«, für religiöse, magische und Heilzeremonien benutzt.

Das Harz von *Styrax weberbaueri* ist unter den Namen Aguai guasú, Aguai grande (Santa Cruz), Churiru (Aymara), Incienso de Goma (Bolivien), Mirra Indio, Incienso (Bolivien), Estoraque (Beni) bekannt. Es wird von den Hochlandindianern als *sahumerio* für religiöse, magische und Heilzeremonien sowie für Heilsalben verwendet.

Im kolumbianischen Vaupés-Gebiet inhalieren die Schamanen den duftenden Balsam (Storax) von *Styrax tessmannii* (*mé-re-ta-kee* auf Tikuna), der vermutlich psychoaktiv ist, für magische Zwecke. Die Yuku-

Das erhärtete, trockene Harz von *Styrax weberbaueri* ist oftmals mit Rindenstückchen durchsetzt. In Peru wird dieser Räucherstoff Mirra, »Myrrhe«, oder Estoraque, »Storax«, genannt; in Bolivien heißt er schlicht Incienso, »Weihrauch«. Rohdroge in einer Abalonenschale (*Haliotis* sp.) (Peru, 2002).

na-Indianer vermischen die Rindenasche einer noch nicht beschriebenen *Styrax* sp. mit Cocapulver für Feste und Rituale. Die Blätter werden mit Tabak vermischt geraucht.

Incienso de Goma (Bolivien) ist das harte, gelb-orange, klar durchscheinende Harz, in »Tränen«, von *Styrax ovatus* oder *Styrax weberbaueri*. In einer peruanischen Muschelschale (große Archenmuschel, *Aanadara grandis*).

Anwendung und Rezepte

Im Prinzip sind die südamerikanischen Styraxdrogen genauso zu verwenden wie der altweltliche Storax (Styrax). Sie werden vor allem in ritualmagischen Räucherungen genutzt.

Sternenweihrauch (Brasilien)

> Man nehme etwa gleiche Teile von:
> Amerikanischer Styrax (Hartharz von *Styrax* spp.)
> Kaneelrinde (oder Zimtrinde)

Harz und Rinde werden pulverisiert und gemischt. Teelöffelweise auf die glühende Holzkohle streuen.

Stammpflanzen (Südamerika)
Styrax spp., Styracaceae, Storaxgewächse
Styrax ovatus (R. et P.) A. DC.
Styrax tessmannii PERK.
Styrax weberbaueri PERK.
Styrax sp.

Andere Namen
Benjoeiro, Benjui, Churiru, Estoraque, Goma, Incienso de Goma, Mirra, Mirra Indio, Storax

Tannenharz
Abies spp.

Die meisten Tannen produzieren Harze, die in Geruch, Konsistenz und Charakter sehr ähnlich sind. Deshalb wurden sie früher auch Harzbäume genannt. In Europa gehören die Tannenharze wahrscheinlich zu den ältesten Räucherstoffen überhaupt. Der Gebrauch wurde allerdings mit dem aufkommenden Handel exotischer Harze stark zurückgedrängt. In der frühen Neuzeit war das Tannenharz als Räucherstoff noch gut bekannt und wurde oft als Ersatz oder zur Fälschung des Olibanum verwendet.

In Deutschland und in der Schweiz waren die bis zu fünfundsechzig Meter hoch wachsenden Weißtannen oft heilige Bäume. Man hielt sie für den »Wohnsitz der Götter«. Noch heute trifft man in Wäldern gelegentlich auf Tannen, die als heilige Bäume verehrt

Die »Heilige Tanne« von Ruswil (Schweiz); kenntlich gemacht durch das Abzeichen des Kreuzes. Früher war die Tanne ein Schamanenbaum, der die drei Welten mit seinem aufrechten, geraden und sehr langen Stamm spirituell verbunden hat.

Die Zapfen der Tannen (*Abies* spp.) stehen nach oben und scheiden reines Harz aus.

werden. Meist sind sie an einem Marienbild, seltener an einem angeschlagenen Kruzifix erkenntlich.

Die Tanne wurde auch Kynholz genannt, weil das frische oder getrocknete Holz aufgrund seines Harzgehalts leicht entzündlich ist und als Kienspan genutzt wurde. Tannenharz und Tannennadeln werden hauptsächlich zur Herstellung von deutschen Räucherkerzen verwendet. Solche Räucherkerzen werden insbesondere in der Vor- und Weihnachtszeit in Räuchermännern abgebrannt. Gerade der Tannenduft ist eine beliebte Weihnachtsräucherung. Der Name Tanne leitet sich vermutlich von *tan* = »Feuer« ab. »Als Segenszweig und Weihnachtsbaum bringt die Tanne dem Haus Glück und bietet Schutz vor finsteren Mächten. Der edle Rauch ihres Harzes oder ihrer Nadeln lockt die Lebensgeister des Waldes ins Haus« (MARGRET MADEJSKY, pers. Mitteilung).

Anwendung und Rezepte

Tannenharz ist vorzüglich als Einzelräucherwerk zu gebrauchen. Es ist aber auch in schamanischen Räucherungen gut zu verwenden. Tannenharz, -rinde und -nadeln sind beliebte Zutaten zu Rauhnächteräucherungen.

»Alruna«: Räucherwerk für Seherinnen

Man nehme folgende Zutaten:
2 Teile Tannenharz
1 Teil Bilsenkrautsamen (*Hyoscyamus niger*)

Das Tannenharz wird fein zerstoßen und mit den Bilsenkrautsamen vermischt. Teelöffelweise auf die Räucherkohle streuen. Kann bei tiefer Inhalation psychotrop wirken!

Nordischer Weihrauch

Man nehme gleiche Teile von:
Wacholdernadeln (*Juniperus communis*)
Beifußkraut (*Artemisia vulgaris*)
Tannenharz (*Abies alba*)
Eibennadeln (*Taxus baccata*)

Je nach Geschmack und Verfügbarkeit etwas zerstoßenen Bernstein, auch Bilsenkraut (*Hyoscyamus niger*) und/oder Hanfblüten (*Cannabis sativa*) zufügen (Achtung! Hanf ist eine illegale Zutat!).
Alle Zutaten werden fein zerkleinert und gut vermischt. Tee- oder esslöffelweise auf die glühende Holzkohle streuen. Bei starker Inhalation kann es zu Bewusstseinsveränderungen kommen.

Nordische Schamanenräucherung

Man nehme etwa gleiche Teile von:
Tannenharz (*Abies alba*)
Wacholderzweige, -beeren (*Juniperus communis*)
Feldthymian (Quendel) (*Thymus serpyllum*)

Die fein zerkleinerten Zutaten vermischen und verkneten. Für Schamanenreisen reichlich räuchern und tief inhalieren.

Mongolische Schamanenräucherung

> Man nehme etwa gleiche Teile von:
> Weißtannenrinde (*Abies alba* MILL.)
> Feldthymian (Quendel) (*Thymus serpyllum* L.)
> Sadebaumzweigspitzen (*Juniperus sabina* L.)

Alle Zutaten werden miteinander vermischt und auf glühende Kohle gegeben.

Inhaltsstoffe
Die Weiß- oder Edeltanne enthält in Nadeln und Zapfen 0,5 % ätherisches Öl, bestehend aus Bornylacetat, Pinen, Limonen, Santen u.a. Aus allen Tannen kann Terpentin gewonnen werden (so genanntes Strassburger Terpentin oder *Terebinthina argentoratensis*). Es besteht zu 34% aus ätherischem Öl und an 72% Harz sowie aus etwas Bernsteinsäure.

Rohdroge
Harz (Resina Abies alba, Resina Pinus pectinata)
Pharmazeutische Aufbereitung: Terebinthina (Straßburger Terpentin, Terebinthina àlsatica, Térébenthine d'Alsace)

Stammpflanzen
Abies spp., Pinaceae, Föhrengewächse
Abies alba MILL., Weißtanne, Edeltanne
    syn. *Pinus abies* DUR., *Pinus pectinata* LAM., *Abies pectinata* DC., *Pinus picea* L., *Abies excelsa* LK.

Andere Namen
Edeltannenharz, Spiegelhartz, Thannenhartz, Weißhartz, Weißharz, Weißtannenharz

Tolubalsam
Myroxylon balsamum var. *balsamum*

Der Tolubalsambaum ist sehr eng mit dem Perubalsambaum verwandt und sieht ihm zum Verwechseln ähnlich. Er ist im nördlichen Südamerika heimisch (Venezuela, Kolumbien, Ecuador, Brasilien).
Der Tolubalsam kommt als braunes, sprödes Hartharz mit schaligem oder muscheligem Bruch in den Handel. Er wird durch Einschnitte im Tolubalsambaum gewonnen. Der zunächst dickflüssige, aromatisch süßlich duftende Balsam erstarrt schnell bei recht kurzer Lagerung. Er wird nicht nur ethnomedizinisch in Südamerika, besonders in den Andenländern (Peru), sondern auch seit der Kolonialzeit in der westlichen Pharmazie geschätzt und genutzt. Tolubalsam scheint das körpereigene Immunsystem zu stimulieren. Tolubalsam wird pharmazeutisch kombiniert mit Guajakol, einem Stoff aus dem Guayakholz, und bei Erkrankungen der Atemorgane gegeben.

Der Tolubalsambaum (*Myroxylon balsamum*) in einer botanischen Darstellung (aus: *Köhler's Medizinal-Pflanzen*, Gera, 1887).

Der harte und brüchige Tolubalsam (Balsamum tolutanum naturale) in einer vorspanischen Opfermuschel (Stachelauster oder *Spondylus princeps* aus dem Pazifik).

Der in Südamerika *quino-quino* oder *kina* genannte Tolubalsam wurde vermutlich zur Einbalsamierung der Leichname hochgestellter Persönlichkeiten des Inkareichs verwendet und als Grabbeigabe den Toten auf ihre Reise in die jenseitigen Welten mitgegeben. In dem Gräberfeld von Ancón bei Lima (Peru), das auf 1200–400 v. Chr. datiert wird, lag ein Klumpen Tolubalsam in einem Korb neben einer Mumie.

Der Tolubalsam wird ganz ähnlich wie der Perubalsam verwendet. Er war früher ein wichtiges Heilmittel bei Wunden, Geschwülsten und Hautkrankheiten. Er wurde auch bei Kopfschmerzen an den Schläfen aufgetragen. Der Rauch oder Dampf wurde bei Katarrhen inhaliert. Er ist auch ein Grundstoff der Parfümindustrie und wird gerne als wohlduftende Zutat zu Räuchermischungen gegeben.

In der indianischen Volksmedizin (Callaway) wird der Tolubalsam bei starken Kopfschmerzen und Katarrhen als Räucherung inhaliert. Er wird für diesen Zweck auch mit Copal, Olibanum, Myrrhe oder Styrax, Harz vom Pfefferbaum (*Schinus molle*) und Anissamen (*Pimpinella anisum* L.) oder Tageteskraut kombiniert.

Anwendung und Rezepte

Der Tolubalsam wird fast ausschließlich als Zutat für medizinische oder magische Räucherungen verwendet.

Heilräucherwerk (Callaway, Peru)

Man nehme folgende Zutaten:
2 Teile Tolubalsam
2 Teile Copal
1 Teil Amerikanischer Styrax
1 Teil Roter Pfeffer (*Schinus molle*)
1 Teil Anissamen
1 Teil Senna-Schoten

Die zerkleinerten Harze werden mit den Samen vermischt. Esslöffelweise auf die glühende Holzkohle streuen.

Liebesräucherung (Lateinamerika)

Man nehme zu etwa gleichen Teilen:
Tolubalsam
Copal
Cocablätter (*Erythroxylum coca*)
Damianakraut (*Turnera diffusa* var. *aphrodisiaca*)
Hanfblüten (*Cannabis sativa*)

Alle Zutaten werden fein zerkleinert und gut vermischt. Teelöffelweise auf die glühende Holzkohle streuen.

Räucherwerk bei Verunsicherung

Man nehme folgende Zutaten:
2 Teile Tolubalsam
2 Teile Benzoe
2 Teile weißes Sandelholz
2 Teile Zedernholz
1 Teil Myrrhe
1 Teil Ladanum (weiches Harz von der Zistrose
Cistus ladaniferus)

Die Harze und Hölzer werden pulverisiert und mit dem erwärmten Ladanum verknetet. In kleine Kugeln gedreht auf die Räucherkohle legen.

Inhaltsstoffe
Tolubalsam enthält mindestens 25% und höchstens 50% freie oder ungebundene Säuren, bestimmt als Zimtsäure und berechnet auf die getrocknete Droge. Daneben sind auch Benzoesäuren und deren Ester bestimmt worden. Der Tolubalsam enthält zwei verschiedene Harze und den flüssigen Kohlenwasserstoff Tolen. Toluol (Benzylwasserstoff bzw. Methylbenzol), ein wichtiger chemischer Rohstoff, entsteht bei der trockenen Destillation.
Im (frischen) Tolubalsam sind 7% ätherisches Öl bestehend aus Farnesol, Phellandren u. a. Das ätherische Öl hat stark keimtötende und pilzhemmende Wirkung.

Rohdroge
Tolubalsam (Balsamum tolutanum naturale, Resina tolutana)

Stammpflanze
Myroxylon balsamum (L.) Harms var. *balsamum*,
     Leguminosae, Fabaceae: Papilionaceae
     syn. *Myroxylon balsamum* (L.) Harms var.
     genuinum Baillon, *Toluifera balsamum* Miller,
     Myrospermum toluiferum A. Rich, *Myrospermum
     balsamiferum* Ruiz et Pavon, *Myroxylun
     punctatum* Klotzsch

Andere Namen
Balsam of Tolu, Bálsamo Tolu, Balsamum Americanum, Balsamum Eustachii, Balsamum indicum siccum, Baume d'Amérique, Baume de Carthagène, Baume de St-Thomas, Baume de Tolu, Karthagenabalsam, Kina, Kina-Kina, Opobalsamum de Tolu, Quina-Quina, Quino-Quino, Tolu

Präkolumbianisches
Rauchfass (Mexiko).

Wacholderharz und -holz

Juniperus spp.

Wacholderarten gibt es auf der ganzen Welt; besonders verbreitet sind sie in Europa, Asien und Nordamerika. Praktisch überall werden sie rituell, magisch und medizinisch genutzt. In den meisten Kulturen, die den Schamanismus kennen, steht der Wacholder im Ruf, ein Räucherstoff der Schamanen zu sein. Der Wacholder ist vielleicht eines der ältesten Räuchermittel der Menschheit. Das liegt sicherlich daran, dass seine Blätter (bzw. Nadeln) und Zweigspitzen bereits im frischen Zustand verbrennen und dabei einen köstlichen und würzigen Duft liefern.

Im Mittelalter wurde der Wacholder als »Falscher Weihrauch« bei ansteckenden Krankheiten geräuchert. Der Rauch galt auch als Schutz vor Ansteckungen und giftigen Schlangen. Im Engadin wird die Milch zwecks Konservierung durch Wacholderzweige gesiebt. Bis in die Neuzeit hinein wurden in der Schweiz Schulräume und Krankenhäuser mit Wacholder ausgeräuchert, um die Räume zu desinfizieren, wenn es draußen zu kalt war, um die Fenster zu öffnen. Im späten Mittelalter wurde der Wacholder als Gegenbild des Paradiesbaumes betrachtet und galt als Symbol der Lebenskraft Christi und der Überwindung des Todes. Wacholderbeeren werden auch heute noch in armen Kirchen im slawischen Osten als Weihrauchersatz benutzt.

Der gemeine Wacholder *(Juniperus communis)* gehört zu den wichtigsten heidnischen Räucherstoffen des alten Europa (Lithografie, 19. Jahrhundert).

Der Stechwacholder *(Juniperus oxycedrus)* lieferte schon den alten Ägyptern eine wichtige Zutat zum Kyphi, dem heiligen Weihrauch (Naxos, Griechenland, 1994).

Das Wacholderharz wurde »Deutscher Sandarak« genannt und als Ersatz für Olibanum verwendet. Der Blütenstaub des Wacholders wurde »Blütenrauch« genannt. Auch die Wacholderbeeren, die im Volksmund »heilige Beeren« oder »Weiheicheln« heißen, wurden geräuchert.

In deutschsprachigen Landen räucherte man damit bei verschiedenen Krankheiten und Leiden wie Seitenstechen, Rheuma, Asthma, Brustschmerzen, Schlafsucht, Schwermut und Aberwitzigkeit. Der Wacholderrauch soll auch vor bösen Geistern, Hexen, Kobolden, Druden und dem Teufel schützen. Wacholder ist eine Hauptzutat für Rauhnächteräucherungen. Traditionell wird die Räucherung aus Wacholder und Weihrauch mit einem Zunderschwamm *(Polyporus fomentarius)* entzündet.

Dhupi: Räucherung frischer Wacholderzweige (*Juniperus recurva*) für schamanische Rituale in Nepal.

Der Hochgebirgswacholder (*Juniperus recurva*) heißt im Himalaya *dhupi*, »Weihrauchbaum«, und ist einer der wichtigsten Räucherstoffe der dortigen Schamanen (Foeteng, Kalinchok, Nepal, 1998).

Der Hochgebirgswacholder heißt auf Tamang *shang-shing*, »Weihrauchbaum«, auf Nepali *dhupi*, was ebenfalls »Weihrauchbaum« heißt. Im nepalesischen Englisch wird er entsprechend *Incense Tree* genannt. Er ist den meisten Völkern im Himalaya heilig. An den Gebetsfahnenmasten bei Kyangjin Gompa – einem alten

Tamang-Kloster – sind an den Spitzen Zweige vom Hochgebirgswacholder angebracht. Oft werden auch Wacholderzweige mit Steinen an den Tschörten als Dank für eine gute und gefahrlose Reise angebracht.

Anwendung und Rezepte

Wacholderzweige sind in frischem oder getrocknetem Zustand bereits ein ausgezeichnetes Räucherwerk. Auch das Wacholderharz ist als Einzelräucherung vorzüglich. Ansonsten können alle Teile des Wacholders in viele Mischungen verarbeitet werden. Wacholderräucherungen stehen meist in Zusammenhang mit Schamanismus, weltweit.

Germanischer Ritualrauch

Man nehme etwa gleiche Teile von:
Wacholder (*Juniperus communis*)
Beifußkraut (*Artemisia vulgaris*)
Mariengras (*Hierochloe odorata*)

Die Zutaten werden fein zerkleinert und gemischt. Teelöffelweise auf die Räucherkohle streuen.

Nordische Schamanenräucherung

Man nehme etwa gleiche Teile von:
Wacholderzweige, -beeren (*Juniperus communis*)
Fichten- oder Tannenharz (*Picea* sp. oder *Abies alba*)
Feldthymian (Quendel) (*Thymus serpyllum*)

Die Zutaten werden fein zerkleinert und gemischt. Teelöffelweise auf die Räucherkohle streuen.

»Räucherung gegen Teufel« (im bayerischen Breverl-Amulett)

Man nehme etwa gleiche Teile von:
Wacholderbeeren (*Juniperus communis*)
Rautenkapseln (*Ruta graveolens*)
Weihrauchtränen (Olibanum)

Alle Bestandteile werden zermörsert und gemischt. Löffelweise auf die Räucherkohle streuen.

Heidnische Weihnachtsräucherung

> Man nehme etwa gleiche Teile von:
> Wacholdernadeln *(Juniperus communis)*
> Beifußkraut *(Artemisia vulgaris)*
> Fichtenharz *(Picea abies)*
> Sumpfporstkraut *(Ledum palustre)*

Die Kräuter werden zerkleinert und mit dem zerstampften Fichtenharz gut vermischt. Teelöffelweise auf die Räucherkohle geben.

Inhaltsstoffe

Der Gemeine Wacholder ist reich an ätherischen Ölen, besonders konzentriert in den Beeren und im Kernholz. Das Wacholderöl (auch Kadeöl) besteht aus α-Pinen, Sabinen, Camphen, Cadinen, Juniperol, Juniperin, Junen, Terpineol-4 und hat durchblutungsfördernde, menstruationsfördernde und antiseptische Wirkungen.

Der Rauch von *Juniperus recurva* wurde chemisch auf psychoaktive Bestandteile untersucht. Die Gasphase enthält über vierzig Substanzen, deren Hauptkomponenten identifiziert werden konnten: Aceton, Benzol, Toluol, Äthylbenzol, o-Xylol, m-Xylol und wahrscheinlich Limonen.

Rohdrogen

Harz (Resina Juniperi)
Holz (Lignum Juniperi, Zedernholz)

Stammpflanzen

Juniperus spp., Cupressaceae, Zypressengewächse
Juniperus communis L., Gemeiner Wacholder
Juniperus oxycedrus L., Stechwacholder, Stachelzeder
    syn. *Juniperus rufescens* LINK, *Juniperus tenella* ANTOINE
Juniperus recurva BUCH.-HAM. ex D. DON., Hochgebirgswacholder
    syn. *Juniperus macropoda* AUCT.

Andere Namen

Cedar, Dhupi, Falscher Weihrauch, Sandarak, Waldweihrauch

Zeder
Cedrus spp.

Als Räucherstoff wird Zedernholz, und sehr wahrscheinlich war die Libanonzeder gemeint, erstmals im Gilgamesch-Epos erwähnt. Als sich der Held Utnapischti für seine Errettung aus der Sintflut bei den Göttern bedankte, verbrannte er ein Räucherwerk aus Myrrhe und Zedernholz. Den Ägyptern war der Baum heilig, denn nach einer ihrer Legenden war Osiris, der Gott der Auferstehung, dereinst in einen Zedernstamm eingeschlossen. Der Name Zeder leitet sich wahrscheinlich von einem altägyptischen Wort ab, das »seufzen« bedeutet. Wenn der Wind in die Zeder fährt, verursacht er oft ein Ächzen und Seufzen. Die ägyptischen Orakelpriester haben aus diesem Getön wahrgesagt.

Als Räucherung wurde vor allem das Holz benutzt und mit Olibanum vermischt. Bei den Römern war die Zeder als heiliger Baum und Räucherstoff dem Göttervater Jupiter zugeordnet. Für medizinische Räucherungen, zum Beispiel bei Bronchitis, wurde Zedernholz mit Salbeiblättern kombiniert.

Libanonzedernholz als Räucherstoff wurde bereits in der Antike der Sonne zugeordnet. Im Okkultismus dient es als Sonnenräucherung sowie zur Erzeugung übersinnlicher Fähigkeiten und zum Schutz vor Albträumen. In anderen esoterischen Traditionen heißt es, die Libanonzeder trage alle Planetenkräfte vereint in sich. Zudem ist sie ein Symbol der Unsterblichkeit.

Die Libanonzeder *(Cedrus libani)* liefert das seit dem Altertum begehrte Zedernholz und -harz.

Die Atlaszeder *(Cedrus atlantica)* produziert ein Harz, das chemisch ähnlich zusammengesetzt ist wie der baltische Bernstein.

Neuerdings werden aus dem Zedernholz oder aus dem Zedernöl Mottenfallen (»Duftender Mottenschutz«) zum Schutz oder als Insektizid gegen Kleidermotten und Nahrungsmittelmotten in Supermärkten angeboten; es wird trendsicher als »Pheromonfalle für Motten« beworben.

Die Himalayazeder *(Cedrus deodara)* heißt auf Sanskrit *devadaru*, »göttlicher Baum« (von *deva*, »Gott«, und *daru*, »Baum/Holz«). Sein Harz heißt *suradaru* (Sanskrit »berauschendes Holz«), *maha-daru* (»Hohes Holz«) oder *ghokal dhupa*. Es heißt, die Himalayazeder vermittelt »viel Seelenstärke und Erdverbundenheit«. Das Holz der Himalayazeder ist für die Brahmanen in Nepal von besonderer Bedeutung. Aus dem Kernholz (Gokul), dem Salharz und Butterschmalz (Ghee) wird eine Räucherpaste bereitet, die bei den Ritualen, Andachten und Meditationen der Brahmanen geräuchert wird.

Anwendung und Rezepte

Zedernholz wird fast immer – pulverisiert – mit Harzen (Olibanum, Myrrhe, Benzoe, Ladanum), Hölzern (Wacholder, Zypresse) und Kräutern (Ysop, Koriander) kombiniert.

Zedernräucherwerk

Man nehme etwa gleiche Teile von:
Zedernholz
Wacholderzweige *(Juniperus oxycedrus)*
Ladanum (weiches Harz von der Zistrose
Cistus ladaniferus)

Das Zedernholz und die Wacholderzweige zermahlen und mit dem erwärmten Ladanum verkneten. In kleinen Kugeln auf die Räucherkohle legen.

Heiliger Tempelweihrauch

Man nehme etwa gleiche Teile von:
Zedernholz *(Cedrus libani)*
Olibanum

Harz und Holz werden pulverisiert und gut vermischt. In kleinen Gaben auf die Räucherkohle streuen.

Räucherwerk zur Klärung der Gefühle

Man nehme etwa gleiche Teile von:
Zedernholz *(Cedrus libani)*
Zypressenzweige *(Cupressus sempervirens)*
Olibanum
Ysopkraut *(Hyssopus officinalis)*

Die Zutaten werden fein zermahlen und vermischt. In kleinen Gaben auf die Räucherkohle streuen.

Inhaltsstoffe
Die Libanonzeder enthält in allen Teilen ein ätherisches Öl mit Terpenen und Borneol. Daneben sind Harze, Bitterstoffe, Farbstoffe und in den Nadeln Chinasäure enthalten. Medizinisch ist die Räucherung von Holz und Zweigen oder das ätherische Öl bei Erkältungskrankheiten brauchbar. Die anderen Zedern sind chemisch ähnlich gebaut.

Rohdrogen
Holz (Lignum libanii, Lignum Cedri)
Harz (Resina Cedri, Resina Cedrus libanii)

Stammpflanzen
Cedrus spp., Pinaceae, Föhrengewächse (es gibt vier Arten, drei werden als Räucherwerk genutzt)
Cedrus atlantica (ENDL.) MANETTI, Atlaszeder
Cedrus brevifolia (HOOK.F.) HENRY, Kurznadelige Zeder, Zypernzeder
Cedrus deodara (ROXB. ex D.) G. DON in LOUD., Himalayazeder, Deodar
    syn. *Cedrus libani* BARREL. var. *deodara* HOOK., *Pinus deodara* ROXB.
Cedrus libani RICH. (Libanonzeder)
    syn. *Pinus cedrus* L.

Andere Namen
Cedar, Cedro, Cedrus, Daru, Kedros

Zimtrinde

Cinnamomum spp., *Canella alba*

Im Altertum gehörte der Zimt (*Cinnamomum* spp.) zu den bekanntesten und am häufigsten benutzten Gewürzen und Aromastoffen. Obwohl den Griechen der Zimtbaum nicht bekannt war, kursierten gewisse Legenden über seine Herkunft. Man glaubte, dass der Zimtbaum in Arabien wuchs, aber nicht auf der Erde, sondern in den Nestern der Phönixvögel, die an steilen Felsen klebten. Um an den begehrten Zimt zu gelangen, mussten die Phönixe überlistet werden. Dazu sollten die Zimtsammler die Gliedmaßen eines verendeten oder geopferten Tieres in der Nähe der Nester auslegen. Wenn sich die Vögel darauf stürzten, hatten die Sammler gerade genug Zeit, um etwas Zimt aus dem Nest zu stehlen. In der Bibel taucht der Zimt mehrfach unter dem Wort *kinnamon* auf und wird als Duft- und Räucherstoff genannt. PLINIUS berichtet noch, dass der Zimt aus der »Gegend, wo Vater Liber [= Bacchus-Dionysos] erzogen worden sei«, stamme. Den Zimt »erntet man nur, wenn es die Gottheit gestattet; einige sehen in ihm Jupiter, jene [Einwohner des Zimtlandes] nennen ihn Assabinus« (XII 42, 89). Zimt gilt seit der Antike als der »Duft des Paradieses«. Er wird oft mit Olibanum, Myrrhe, Adlerholz, Benzoe, Lorbeerblättern usw. zu sehr wohlriechendem Räucherwerk verarbeitet, gerne auch zu orientalischen Liebesräucherungen.

Die Kaneelrinde (Canellae Cortex) des tropischen Baumes *Canella alba* (Guayana, Südamerika) verbreitet beim Räuchern einen typischen Zimtgeruch.

Zimtkassienrinde *(Cinnamomum cassia)*. Die getrockneten Rindenstücke können durch Anzünden zum Glimmen gebracht werden. Dabei verströmen sie einen warmen und süßen Zimtduft, eben den »Duft des Paradieses«.

Tejpat-Rinde *(Cinnamomum tamala)* wird im Himalaya als Gewürz und Räucherstoff geschätzt (Kathmandu, Nepal, 1995).

Im Okkultismus wurde Zimt als Tonikum und Aphrodisiakum geräuchert, denn dieser Stoff stand unter dem Zeichen der Venus. In den dreißiger Jahren wurden Caneel-Zigaretten wie Marihuanajoints geraucht und sollen zu ähnlichen Wirkungen geführt haben. Ob der Hauptwirkstoff wirklich Zimt oder Kaneel war, sei dahingestellt.

Weitaus häufiger als der Ceylonzimt wird der Chinesische Zimt oder Kassia als Räucherstoff verwendet. Kassia-Rindenstücke sind eine hervorragende Rohdroge, mit der man räuchern kann. Die nach Zimt, aber viel süßer und orientalischer duftende Rinde kann leicht entzündet werden und glimmt eine Zeit lang vor sich hin. Dadurch wird der würzige Duft frei und verteilt sich schnell im ganzen Raum, taucht ihn in eine exotische, aber urgemütliche Atmosphäre. Kassia gehört als Roh- oder Einzeldroge zu den angenehmsten und köstlichsten Räucherstoffen überhaupt.

Die Araukaner – die im nördlichen Südamerika und auf den Karibischen Inseln heimisch waren, heute fast ausgerottet oder nahezu vollständig assimiliert wurden – verehrten den Canelo *(Drimys winteri)* als heiligen Baum. Ihre Schamanen und Schamaninnen *(machi)* räucherten mit Zweigen und Rindenstücken bei allen Heilritualen und religiösen Zeremonien. Zur Wahrsagerei versetzten sich die Schamanen mit dem Canelorauch in einen hellsichtigen, tranceartigen Zustand. Zur Divination hockten sie sich in eine abgedunkelte Hütte. In der Mitte pflanzten sie eine Art

Modell des Weltenbaumes aus Canelozweigen ein und reisten, von seinem Rauch getragen, in die jenseitige Welt.

Anwendung und Rezepte

Zimtrinde und Kassienzimt können gut als Einzelstoffe geräuchert werden. Zimt ist eine beliebte Zutat zu Räuchermischungen, die vor allem Harze (Olibanum, Myrrhe, Benzoe, Mastix) enthalten.

Das Gleiche gilt für Kaneel und Canelo. Rohdrogen mit dem typischen Zimtgeruch werden auch zum Parfümieren von Rauchtabaken verwendet.

Die nach Zimt duftende Rinde (Winterrinde, Schacharilla, Canelle blanche) des Canelo *(Drimys winteri)* ist ein ritueller Räucherstoff der Machi, der Schamanen und Schamaninnen der Mapuche (Valdivia, Chile, 1996).

Der Canelo oder Chilenische Zimtbaum (*Drimys winteri*) gilt bei den Mapuche als schamanischer Weltenbaum (Valdivia, Chile, 1996).

»Weihnachtsräucherung«
Räucherrezept frei nach Hildegard von Bingen.

Man nehme etwa gleiche Teile von:
Olibanum (Harz von *Boswellia sacra*)
Myrrhe (Harz von *Commiphora* spp.)
Zimtkassie (*Cinnamomum cassia*, Zimtblüten, Cassia)
Macis/Muskatblüte (Samenmantel von *Myristica fragrans*)
Nelken (Knospen von *Syzygium aromaticum*)

Die Zutaten werden im Mörser fein zerkleinert und vermischt. In kleinen Gaben nach und nach auf die glühende Räucherkohle streuen.

Sonnenräucherung nach Sédir (Okkultismus)

Man nehme folgende Zutaten:
3 Teile Olibanum
1 Teil Zimtrinde oder Zimtkassie
1 Teil Kardamomsamen

Alle Zutaten werden zermörsert und gemischt. In kleinen Mengen nach und nach auf die Räucherkohle streuen.

Inhaltsstoffe

Der Duft des Zimts ist so charakteristisch, dass er mit keinem anderen Duftstoff verwechselt werden kann. Deshalb ist er leicht in Pflanzen zu bemerken, die ätherische Öle mit der charakteristischen Duftnote ausbilden. Folgende Substanzen finden sich in allen nach Zimt riechenden Pflanzen und sind für den typischen Duft verantwortlich: 1-Nitro-2-phenylethan, Cinnamaldehyd, *O*-Methoxycinnamaldehyd, Zimtsäure, Methylcinnamat.

Die Zimtrinde (Cortex Cinnamomi ceylanici) enthält 2,5–4% ätherisches Öl mit 75% Zimtaldehyd, daneben Furfurol, Benaldehyd, Caryophyllen, Phellandren, Pinen, Cymol und Eugenol, sowie Schleim und Gerbstoff. Das Zimtöl wirkt erregend auf Nerven, Muskeln und das kardiovaskuläre System.

Die Kassiarinde enthält 1–2% ätherisches Öl, bestehend aus 70–90% aus Zimtaldehyden sowie Cinnamylacetat und Phenylpropylacetat. Daneben finden sich Diterpenoide (Cinncassiol A, 19-Gucosid, Cinnzeylanol, Cinnzeylanin), Zucker (D-Glukose, D-Fruktuse, Sukrose), Benzaldehyde, Cumarin und Tannin.

Kaneel (Cortex Canellae albi) enthält bis zu 1,25% ätherisches Öl, bestehend aus Eugenol, Cineol, *l*-α-Pinen, Caryophyllen und Terpenen, Gummi, Canellin, 10% Harz, Bitterstoffe, Mannit und Albumen.

Rohdrogen
Zimtrinde (Cinnamomi cortex)
Kassia-Zimtrinde (Cinnamomi cortex)
Zimtblüten (Cassiae flos)
Canelorinde (Cortex Winteriana)
Kaneelrinde (Canellae Cortex)

Stammpflanzen
Viele Pflanzen, meist Sträucher oder kleine Bäume,
duften nach Zimt; deswegen werden sie in verschie-
denen Sprachen »Zimt« genannt:
Canella alba MURRAY, Canellaceae, Kaneelgewächse,
    Canelobaum
Cinnamomum spp., Lauraceae, Lorbeergewächse
Cinnamomum aromaticum NEES
    syn. *C. cassia* BL., Südostasien
Cinnamomum cassia BLUME, Chinesischer Zimtbaum
    syn. *Cinnamomum aromaticum* FR. NEES, *Laurus
    cassia* C. G. NEES, *Persea Cassia* SPR., *Laurus
    cinnamomum* ANDR.
Cinnamomum tamala FR., Tamala-Zimt, Tejpat
Cinnamomum verum PRESL
    syn. *C. zeylanicum* BL., Ceylon, Südwestindien
Drimys winteri FORST., Magnoliaceae, Magnolienge-
    wächse

Andere Namen
Canela, Canella, Canelle, Canelo, Caninga, Cinna-
mon, Gewürzrinde, Gui (chinesisch), Kaneel, Kaneelrinde, Twak (Sanskrit), Zimmet

Der Kampferbaum *(Cinnamomum camphora)* ist nah mit
dem Zimtbaum verwandt. Sein Ausscheidungsprodukt, der
Kampfer, ist eine Zutat zu vielen Räuchermischungen.
Die Schamanen in Nepal schätzen den scharf riechenden
Kampfer sehr, da er von einem heiligen Baum des eksta-
tischen Schamanengottes Shiva stammt (Kathmandu,
Nepal, 7/1999).

Neunerlei Hölzer

Im germanischen Kulturraum werden manche Räuchermischungen aus jeweils neun Zutaten gemischt. Die Zahl Neun ist eine alte mystische Zahl, die im Schamanismus und in der Mythologie eine kosmologische Rolle spielt (neun Welten, neun Nächte). Die Neun symbolisiert Kraft und Vollkommenheit. Deshalb werden neun Räucherstoffe kombiniert.

Den Neunerlei Kräutern im Kräuterbüschel entsprechend gibt es auch die Neunerlei Hölzer. Sie stammen allesamt von den heiligen Bäumen, die heute als Weihnachtsbäume oder Wintergrün benutzt werden.

»Neunerlei Agenholz«

Wacholder (*Juniperus communis* L.)

Fichte (*Picea* spp.)

Tanne (*Abies alba* MILLER)

Kiefer (*Pinus sylvestris* L.)

Legföhre = Latschenkiefer (*Pinus mugo* TURRA ssp. *mugo* ZENARI)

Lärche (*Larix decidua* MILLER)

Sadebaum (*Juniperus sabina* L.)

Zirbe = Arve (*Pinus cembra* L.)

Eibe (*Taxus baccata* L.)

Diese neun Hölzer dienten zum Anfertigen »zauberkräftiger und hexenentlarvender Schemel«, also zum Schutz vor Hexen und Teufeln. Aber sie gehörten auch zum botanischen Repertoire derjenigen dämonischen Wesen, die sie abwehren oder entlarven sollten, nämlich den Hexen selbst.

Die Neunerlei Hölzer wurden aber auch von Hexen gesammelt und als Räucherwerk zu Weihnacht verwendet: »Um einen Liebhaber anzulocken, zündeten sie das Holz um Mitternacht zur Wintersonnenwende an und warfen ihr Kleid vor die Stubentür. Dabei sprachen sie: ›Hier sitze ich splitterfasernackig und bloß. Wenn doch mein Liebster käme und würfe mir mein Hemd in den Schoß!‹« (MÜLLER-EBELING et al. 1998: 19).

In Mecklenburg gestanden im 16. Jahrhundert einige »Hexen«, dass sie diese »negenderlei Holtz« zu diesem Zwecke (Liebeszauber) gebraucht haben: »Eicken [Eiche], Boiken [Birken], Ellern [Erle], Dorne [Hagedorn = Schlehdorn], Quitzen [Eberesche], Alhorn [Holunder], Fürenhotz [Kiefer] und zweierlei Dorn [Weißdorn und Schwarzdorn]« (MÜLLER-EBELING et al. 1998: 19). Diese neun Hölzer gehören allesamt zu den heidnischen Ritualpflanzen und heiligen Bäumen. Diese alten heidnischen Götterbäume haben mit der Christianisierung Namen erhalten, die sie entweder zu Christus oder zum Teufel gesellten.

Die »Neunerlei Hölzer« (= »Sonnenwendhölzer«). Von links nach rechts: Kiefer *(Pinus nigra)*, Wacholder (Juniperus communis), Buche *(Fagus sylvatica)*, Fichte *(Picea abies)*, Eibe *(Taxus baccata)*, Hartriegel *(Cornus sanguinea)*, Lorbeer *(Laurus nobilis)*, Hasel *(Corylus avellana)*, Eiche *(Quercus* sp.) (Räucherhölzer von der Blumenschule Schongau: »Die Hölzer wirken durch das Verräuchern«).

Tipps zum Räuchern

Räuchern kann mehr sein als das Entzünden kommerzieller Räucherstäbchen! – Traditionell wird das Räucherwerk (egal ob als Einzeldroge oder als Mischung) auf glühende Holzkohle gestreut.

Beim Räuchern muss man immer an die mögliche Feuergefahr, in der eigenen Wohnung vielleicht auch an Erstickungsgefahr denken. Es gibt Räucherwerk, das beim Verbrennen spritzt, zum Beispiel die meisten Pinien- und Kiefernharze. In der eigenen Wohnung sollte man auch beachten, dass manche Räucherstoffe mit einer erheblichen Rußentwicklung abbrennen (zum Beispiel viele Koniferenharze). Auch darf man das reichliche Lüften nicht vergessen.

Unbedingt zu beachten ist, dass brennende Räucherstoffe fast keinen Geruch absondern; die Duftentwicklung ist nur dann optimal, wenn der Räucherstoff glimmt. Deshalb sollte Abbrennen vermieden und brennendes Räucherwerk ausgepustet werden.

Am besten zum Räuchern ist der Gebrauch von glühender Holzkohle oder spezieller Räucherkohle (zum Beispiel handgepresste Natur-Kräuter-Holzkohle). Im Handel werden Räucherkohlen aus Holzkohle und Salpeter angeboten, die sich leicht entzünden lassen, schnell durchglühen und für etwa eine halbe Stunde Glut liefern. Sie werden nicht zu heiß, so dass die Stoffe schnell verbrennen. Glühende Holz-

Hochwertige, reine Harze verdampfen auf der glühenden Holzkohle im Räucherkelch.

Ägyptischer Priester beim Opfern von Kyphi oder Weihrauchkugeln (Wandmalerei in einer Grabkammer, Memphis, 19. Dynastie).

kohle oder entzündete Räucherkohle darf man nur in Gefäße legen, die einen Fuß haben (zum Beispiel tibetische Räucherkelche aus Messing oder arabische Räucherpfannen aus Ton) und sich auf feuerfesten Unterlagen abstellen lassen.

Für Harze und Räuchermischungen, die man auf die Räucherkohle, auf glühende Holzkohlen oder in ein Opferfeuer streuen möchte, eignet sich am besten ein Löffel aus reinem Perlmutt. Daran bleiben praktisch keine Spuren haften. Außerdem verbrennt oder verändert sich Perlmutt nicht bei der Berührung mit Feuer, Flammen oder glühender Holzkohle.

In der Geschichte der Räucherstoffe sind einige Rezepte sehr berühmt geworden, obwohl sie zum Teil gar nicht genau überliefert sind oder eindeutig auf ihre Rohdrogen hin identifiziert werden können. Dazu gehören das altägyptische Kyphi und der Bibel-Weihrauch.

Die Rezepte von Räuchermischungen werden nach kosmologischen Aspekten, symbolischen Bedeutungen oder astrologischen Bezügen komponiert. Häufig werden Mischungen kreiert, um die Duftnote zu verändern oder um die pharmakologische Aktivität in eine bestimmte, gewünschte Richtung zu bringen. Oftmals werden verschiedene Harze kombiniert, zum Beispiel Olibanum mit Myrrhe, Benzoe, Styrax; Harze und Hölzer, Rinden, zum Beispiel Olibanum mit Adlerholz, Wacholder, Zimtrinde oder Zedernholz. Harze werden oft mit aromatischen Kräutern und Gewürzen kombiniert, zum Beispiel Tannenharz mit

Beifuß, Olibanum mit Lavendel, Lorbeer, Muskat, Rosmarin, Safran, Zimt, Nelken oder Sternanis, Perubalsam mit *Tagetes lucida*, Tolubalsam mit Anis, Fichtenharz mit Wacholderbeeren oder Thymian.

Schamanische Räucherungen enthalten oft Harze und Samen oder Blätter von alkaloidhaltigen Pflanzen, zum Beispiel Benzoe und Stechapfel; Copal und Stechapfel; Jatoba und Coca; Breuzinho und Mapacho-Tabak; Perubalsam und Tabak; Sal dhupa mit Bilsenkrautsamen; Olibanum und Myrrhe mit Harmalsamen; Storax und Copal mit Bilsenkrautblättern, Olibanum und Myrrhe mit Bilsenkraut und Lorbeer. Eine aphrodisische und psychoaktive Räucherung ist aus dem alten Griechenland überliefert (DIOSKURIDES II, 122). Sie basiert auf einer Harzmischung aus Myrrhe und Olibanum, versetzt mit Safran (*Crocus sativus*) und Taumellolch (*Lolium temulentum*), zwei berauschenden Kräutern.

Bei Rezepten für Räucherungen verhält es sich ganz so wie bei Kochrezepten. Auch bei genauester Beachtung der Rezeptur kann das Ergebnis unbefriedigend, vor allem unerwartet sein. Deshalb sollte man Rezepte vornehmlich als inspirierende Anhaltspunkte betrachten. Denn das Ergebnis eines Rezepts ist nicht die Kombination der abstrakten Zutaten, sondern ergibt sich aus der Qualität der einzelnen Ingredienzien.

Als Räucherkünstlerin, Räucherkünstler sollte man immer eine gewisse künstlerische Freiheit miteinkalkulieren, schöpferisch tätig werden, Neues erkunden. Da die Beschäftigung mit Räucherei eine Methode der Naturerfahrung ist, sind alle Experimente diesbezüglich wertvoll, denn man lernt mehr über die Natur, ganz sinnlich: Naturerfahrung!

Weiterführende Literatur

AGRIPPA VON NETTESHEIM, Heinrich Cornelius
  1982 *Die magischen Werke*, Wiesbaden: Fourier.

BADER, Marlis
  2003 *Räuchern mit heimischen Kräutern: Anwendung, Wirkung und Rituale im Jahreskreis*, München: Kösel-Verlag.

ENNET, Diether, Frank POETSCH und Dagmar SCHOPKA
  2000 »Indischer Weihrauch«, *Deutsche Apotheker Zeitung* 140(16): 105–113.

DIOSKURIDES, *Arzneimittellehre* (deutsche Übersetzung, ersch. in Stuttgart, 1902).

FISCHER-RIZZI, Susanne
  2001 *Botschaft an den Himmel: Anwendung, Wirkung und Geschichten von duftendem Räucherwerk*, Aarau: AT Verlag.

FRERICHS, G., G. ARENDS und H. ZÖRNIG (Hg.)
  1938 *Hagers Handbuch der pharmazeutischen Praxis*, Berlin: J. Springer.

HUBER, Franz X.J. und Anja SCHMIDT
  1999 *Weihrauch, Styrax, Sandelholz: Das Erlebnisbuch des Räucherwerks*, Bern, München, Wien: Scherz/O.W. Barth Verlag.

KLUGE, Heidelore, R. Charles FERNANDO und Edzard F. KEIBEL
  1999 *Weihrauch, Gold, und Myrrhe: Nutzen Sie die Heilschätze der Natur*, Heidelberg: Haug.

KRUMM-HELLER, ARNOLD
  1934 *Vom Weihrauch zur Osmotherapie*, Berlin Steglitz: Verlag Wilhelm Becker.

KRÜTZFELDT, Kerstin
  2002 »Zimt – der Duft des Paradieses«, *Deutsche Apotheker Zeitung* 142(51/52): 52–59.

LANGENHEIM, Jean H.
  2003 *Plant Resins: Chemistry, Evolution, Ecology, and Ethnobotany*, Portland und Cambridge: Timber Press.

MADEJSKY, Margret
  2003 »Rauhnachtsbräuche«, *Naturheilpraxis* 56(12) 12/2003: 1706–1711.

MARTINETZ, Dieter, Karlheinz LOHS und Jörg JANZEN
  1989 *Weihrauch und Myrrhe*, Stuttgart: WVG.

MOST, Georg Friedrich
  1843 *Encyclopädie der gesammten Volksmedicin*, Graz: Akademische Druck- u. Verlagsanstalt (Reprint 1973).

MOINUDDIN, Abu Abdallah Gulam
  1984 *Die Heilkunst der Sufis*, Freiburg: Bauer.

MÜLLER-EBELING, Claudia, Christian RÄTSCH und Surendra Bahadur SHAHI
  2000 *Schamanismus und Tantra in Nepal*, Aarau: AT Verlag.

MÜLLER-EBELING, Claudia, Christian RÄTSCH und Wolf-Dieter STORL
  1998 *Hexenmedizin: DieWiederentdeckung einer verbotenen Heilkunst – Schamanische Traditionen in Europa*, Aarau: AT Verlag.

NAVARRO, Fray Juan
  1992 *Historia natural o Jardín americano*, Ciudad de México: UNAM, IMSS und ISSSTE (1. Aufl.; Manuskript von 1801).

PLINIUS, *Naturgeschichte* (zahlreiche Übersetzungen und Ausgaben).

RAUNIG, W.
  1971 *Bernstein – Weihrauch – Seide: Waren und Wege der antiken Welt*, Wien und München: Verlag Anton Schroll.

RÄTSCH, Christian
  1996 *Räucherstoffe – Der Atem des Drachen: Ethnobotanik, Rituale und praktische Anwendungen*, Aarau, Stuttgart: AT Verlag.

RÄTSCH, Christian und Claudia MÜLLER-EBELING
  2003 *Lexikon der Liebesmittel: Pflanzliche, mineralische, tierische und synthetische Aphrodisiaka*, Aarau: AT Verlag.
  2003 *Weihnachtsbaum und Blütenwunder: Die Geheimnisse unserer Weihnachtspflanzen*, Aarau: AT Verlag.

RÄTSCH, Christian und Jonathan OTT
  2003 *Coca und Kokain: Ethnobotanik, Kunst und Chemie*, Aarau: AT Verlag.

SAHAGUN, Fray Bernardino de
  1989 *Aus der Welt der Azteken*, Frankfurt/M.: Insel Verlag.

SELLAR, Wanda und Martin WATT
  1997 *Weihrauch und Myrrhe: Anwendung in Geschichte und Gegenwart*, München: Knaur.

VONARBURG, Bruno
  1999 »Weihrauch für Psyche und Gesundheit«, Natürlich 12/99: 60–65.

WIESHAMMER, Rainer-Maria
  1995 *Der 5. Sinn: Düfte als unheimliche Verführer*, Rott am Inn: F/O/L/T/Y/S Edition.

WINNEWISSER, Sylvia und Cornelia SCHÜTT-KAÏNATA
  1999 *Räucher-Kräuter: entspannende Düfte für Ihr Wohlbefinden*, Georg Thieme Verlag (Trias).

WOLTERS, Bruno
  1994 *Drogen, Pfeilgift und Indianermedizin: Arzneipflanzen aus Südamerika*, Greifenberg: Verlag Urs Freund.

Register

Stammpflanzen der Räucherstoffe

Stammpflanze	Rohdroge	Stammpflanze	Rohdroge
Abies alba	Tanne	*Juniperus oxycedrus*	Wacholder
Agathis dammara	Dammar	*Juniperus recurva*	Hochgebirgswacholder
Aquilaria agallocha	Adlerholz	*Juniperus sabina*	Sadebaum, Stinkwacholder
		Juniperus virginiana	Amerikanischer Wacholder
Boswellia carteri	Olibanum		
Boswellia frereana	Olibanum	*Liquidambar officinalis*	Styrax
Boswellia papyrifera	Olibanum	*Liquidambar orientalis*	Styrax, Storax
Boswellia sacra	Olibanum	*Liquidambar styraciflua*	Amberbaumharz
Boswellia serrata	Indischer Weihrauch		
Bursera bipinnata	Copal de Puebla	*Myroxylon balsamum* var. *balsamum*	Tolubalsam
Bursera graveolens	Copal, Palo Santo		
Bursera microphylla	Copal, Palo Santo	*Myroxylon balsamum* var. *pereira*	Perubalsam
Bursera simaruba	Copal		
Bursera submoniliformis	Copal de Puebla	*Picea abies*	Fichtenharz, Burgunderharz
Bursera spp.	Copal de Puebla		
		Pinus chiapensis	Ocote, Pinie
Canarium luzonicum	Elemi	*Pinus edulis*	Piñon Pine
Canarium strictum	Dammar	*Pinus nigra*	Kiefernharz
Canella alba	Kaneel	*Pinus pinea*	Pinie
Cedrus atlanticus	Atlaszeder	*Pinus succinifera*	Bernstein
Cedrus brevifolia	Zypriotische Zeder	*Pinus sylvestris*	Kiefernharz
Cedrus deodara	Zeder	*Pistacia lentiscus*	Mastix
Cedrus libani	Libanonzeder	*Protium carana*	Caraña, Elemi
Cinnamomum camphora	Kampfer	*Protium copal*	Copal
Cinnamomum cassia	Kassia (Chinesischer Zimt)	*Protium guianense*	Copal
Cinnamomum tamala	Tamala-Zimt	*Protium heptaphyllum*	Copal, Breuzinho
Cinnamomum verum	Zimt	*Protium* sp.	Copal, Breuzinho
Commiphora abyssinica	Myrrhe	*Pterocarpus santalinus*	Sandelholz (rot)
Commiphora molmol	Myrrhe		
Commiphora mukul	Guggul	*Santalum album*	Sandelholz (weiß)
Commiphora wightii	Guggul	*Shorea robusta*	Sal dhupa
		Styrax benzoin	Benzoe (Sumatra)
Drimys winteri	Canelo, Zimt	*Styrax ovatus*	Styrax (amerikanisch)
		Styrax tessmannii	Styrax (amerikanisch)
Guaiacum officinale	Guayakholz, -harz	*Styrax tonkinense*	Benzoe (Siam)
Guaiacum sanctum	Guajak	*Styrax weberbaueri*	Styrax (amerikanisch)
Hymenaea courbaril	Jatoba	*Tetraclinis articulata*	Sandarak, »Mastix«
Hymenaea sp.	Ambar, Copal		
Juniperus communis	Wacholder		
Juniperus excelsa	Wacholder		

Christian Rätsch
Dr. phil., Altamerikanist, Ethnopharmakologe
und Ethnobotaniker. Feldforschungen weltweit, insbesondere im Regenwaldgebiet und im Himalaya.
Christian Rätsch erforscht und erbrobt Räucherstoffe seit drei Jahrzehnten und leitet Seminare
zur Kultur des Räucherns. Er ist Herausgeber,
Referent und Autor zahlreicher Bücher, u. a. der
großen Standardwerke »Enzyklopädie der psychoaktiven Pflanzen« und »Lexikon der Liebesmittel«,
erschienen im AT Verlag.

Christian Rätsch
Räucherstoffe – Der Atem des Drachen
Ethnobotanik und Rituale
72 Pflanzenporträts und praktische Anwendungen

Das Entzünden von Räucherwerk gehört zu den ältesten rituellen
Praktiken der Menschheit. Dem aromatischen Rauch wurden seit
je magische und medizinische Eigenschaften zugeschrieben. Das erste
umfassende großformatige, illustrierte Buch über Räucherstoffe
beschreibt die botanischen Merkmale, die Anwendungsmöglichkeiten
sowie die chemischen und pharmakologischen Eigenschaften von
Harzen, Hölzern, Rinden, Blättern und Samen.

Susanne Fischer-Rizzi
Botschaft an den Himmel
Anwendung, Wirkung und Geschichten von duftendem Räucherwerk

Mit welchen Düften weissagte die Seherin des Orakels von Delphi?
Welche Räucherstoffe verstärken unsere Träume? Von der Altstein-
zeit über die Hochkulturen in Ägypten, Mesopotamien und Griechenland bis zur Räucherkultur im Fernen Osten und zu heute noch
lebendigen Bräuchen bei den Indianern führt uns die Autorin durch
die Geschichte der Räucherkultur. Mit praktischen Anwendungen
und Rezepten zum Selbermischen.

Susanne Fischer-Rizzi
Himmlische Düfte
Aromatherapie
Anwendung wohlriechender Pflanzenessenzen und ihre Wirkung
auf Körper und Seele

Die in der Aromatherapie eingesetzten ätherischen Öle wirken
ganzheitlich auf Körper und Seele, sie wecken und stärken die Selbst-
heilungskräfte und haben eine tiefe Wirkung auf unsere Psyche.
Das Buch beschreibt die verschiedenen Anwendungsmethoden und die
wichtigsten Essenzen mit Angaben zu Botanik, Inhaltsstoffen und
geistig-seelischer Wirkung. Mit wertvollem therapeutischem Index.

Christian Rätsch
Enzyklopädie der psychoaktiven Pflanzen
Botanik, Ethnopharmakologie und Anwendungen
Mit einem Vorwort von Albert Hofmann

Weltweit das erste umfassende Werk, das nach dem heutigen Stand
der wissenschaftlichen Erkenntnis die Welt der psychoaktiven Pflanzen
systematisch erschließt. Die Pflanzen werden in Monografien mit
allen relevanten Informationen zu Botanik, Aussehen, Anbaumethoden,
Zubereitung und Dosierung, Geschichte, rituellen und medizinischen
Verwendungen, Inhaltsstoffen, Wirkungen, Marktformen und allfälli-
gen Vorschriften beschrieben. Mit wenigen Ausnahmen sind sämtliche
Pflanzen im Bild dargestellt.

Christian Rätsch, Claudia Müller-Ebeling
Lexikon der Liebesmittel
Pflanzliche, mineralische, tierische und synthetische Aphrodisiaka

Das umfassende Standardwerk zu den Aphrodisiaka. In über 500 alpha-
betisch geordneten, mit über 800 Farbfotos reich bebilderten Monografien werden die Aphrodisiaka, Liebeszauber und Potenzmittel
aus dem Pflanzen-, Tier- und Steinreich sowie Chemikalien und Medi-
kamente umfassend, übersichtlich, kompetent und praxisorientiert
dargestellt.

Claudia Müller-Ebeling, Christian Rätsch, Wolf-Dieter Storl
Hexenmedizin
Die Wiederentdeckung einer verbotenen Heilkunst
Schamanische Traditionen in Europa

Christian Rätsch, Claudia Müller-Ebeling, Surendra Bahadur Shahi
Schamanismus und Tantra in Nepal
Heilmethoden, Thankas und Rituale aus dem Himalaya

Christian Rätsch
Pflanzen der Liebe
Aphrodisiaka in Mythos, Geschichte und Gegenwart

Christian Rätsch, Claudia Müller-Ebeling
Weihnachtsbaum und Blütenwunder
Geheimnisse, Herkunft und Gebrauch traditioneller
Weihnachtspflanzen
Rezepte – Rituale – Räucherungen

Christian Rätsch, Jonathan Ott
Coca und Kokain
Ethnobotanik, Kunst und Chemie

Christian Rätsch
Hanf als Heilmittel
Ethnomedizin, Anwendungen und Rezepte

Christian Rätsch und Roger Liggenstorfer (Hg.)
Pilze der Götter
Von Maria Sabina und dem traditionellen Schamanentum
zur weltweiten Pilzkultur

Richard E. Schultes und Albert Hofmann, neu überarbeitet
von Christian Rätsch
Pflanzen der Götter
Die magischen Kräfte der bewusstseinserweiternden Gewächse
Mit Pflanzenlexikon und Übersicht zur Anwendung

AT Verlag
Stadtturmstrasse 19
CH-5401 Baden
Telefon +41 (0)58 200 44 00
Fax +41 (0)58 200 44 01
E-Mail: at-verlag@azag.ch
Internet: www.at-verlag.ch